100 FAITS À SAVOIR SUR L'AGRICULTURE

JULIETTE LAURENT

PRÉFACE

L'AGRICULTURE EST LE FONDEMENT SUR LEQUEL REPOSE TOUTE CIVILISATION. DE L'AUBE DE LA DOMESTICATION DES PLANTES ET DES ANIMAUX À L'ÈRE MODERNE DE LA BIOTECHNOLOGIE, L'AGRICULTURE A FAÇONNÉ NON SEULEMENT NOTRE SURVIE, MAIS AUSSI NOTRE MANIÈRE DE VIVRE. C'EST AVEC UN PROFOND RESPECT POUR CETTE DISCIPLINE ANCIENNE ET TOUJOURS EN ÉVOLUTION QUE J'AI ENTREPRIS D'ÉCRIRE '100 FAITS À SAVOIR SUR L'AGRICULTURE'.

MA PASSION POUR L'AGRICULTURE A GERMÉ DÈS MON PLUS JEUNE ÂGE, DANS LES CHAMPS LUXURIANTS DE MA RÉGION NATALE. C'EST CETTE FASCINATION POUR LA MANIÈRE DONT UNE SIMPLE GRAINE PEUT NOURRIR DES NATIONS QUI M'A INSPIRÉ À PARTAGER CES CONNAISSANCES. CE LIVRE VISE À ÉCLAIRER, ÉDUQUER, ET PEUT-ÊTRE MÊME ÉMERVEILLER LE LECTEUR SUR LA COMPLEXITÉ ET LA BEAUTÉ DE L'AGRICULTURE.

VOUS Y DÉCOUVRIREZ UNE MOSAÏQUE DE FAITS, ALLANT DE L'HISTOIRE ANTIQUE DE L'AGRICULTURE À SES DÉVELOPPEMENTS FUTURISTES. J'EXPLORE LES PRATIQUES TRADITIONNELLES ET LES INNOVATIONS RÉVOLUTIONNAIRES, LES DÉFIS ENVIRONNEMENTAUX ET LES SOLUTIONS DURABLES, DANS LE BUT D'OFFRIR UNE PERSPECTIVE GLOBALE SUR UN SECTEUR QUI TOUCHE CHACUN D'ENTRE NOUS.

LA COLLECTE DES INFORMATIONS POUR CE LIVRE A ÉTÉ UNE AVENTURE EN SOI, MÊLANT RECHERCHES ACADÉMIQUES, ENTRETIENS AVEC DES EXPERTS ET AGRICULTEURS, ET VISITES SUR LE TERRAIN. CHAQUE FAIT PRÉSENTÉ EST UN REFLET DE CETTE EXPLORATION RIGOUREUSE ET PASSIONNÉE.

JE TIENS À EXPRIMER MA GRATITUDE ENVERS TOUS CEUX QUI ONT

CONTRIBUÉ À CE VOYAGE LITTÉRAIRE, EN PARTICULIER LES AGRICULTEURS ET LES SCIENTIFIQUES QUI ONT PARTAGÉ LEURS CONNAISSANCES ET EXPÉRIENCES. LEUR DÉVOUEMENT À NOURRIR ET À INNOVER EST LA VÉRITABLE INSPIRATION DERRIÈRE CE LIVRE.

ÉCRIT DANS UN STYLE ACCESSIBLE, CE LIVRE EST DESTINÉ À TOUS, DES CURIEUX AUX PROFESSIONNELS DU SECTEUR. J'ESPÈRE QUE CES '100 FAITS SUR L'AGRICULTURE' VOUS OFFRIRONT UN NOUVEL ÉCLAIRAGE SUR CE SECTEUR VITAL ET VOUS INVITERONT À EXPLORER DAVANTAGE CE MONDE FASCINANT.

ALORS, OUVREZ CE LIVRE ET LAISSEZ-VOUS ENTRAÎNER DANS UN VOYAGE À TRAVERS LES CHAMPS DU SAVOIR, OÙ CHAQUE GRAINE DE CONNAISSANCE EST UN PAS VERS UNE COMPRÉHENSION PLUS PROFONDE DE L'AGRICULTURE, PIERRE ANGULAIRE DE NOTRE SOCIÉTÉ.

1

ORIGINE AGRICOLE

L'AGRICULTURE, UNE RÉVOLUTION DANS L'HISTOIRE HUMAINE, A DÉBUTÉ IL Y A ENVIRON 10 000 ANS AVEC LA NÉOLITHISATION, MARQUANT LA TRANSITION DE SOCIÉTÉS DE CHASSEURS-CUEILLEURS À DES SOCIÉTÉS SÉDENTAIRES AXÉES SUR LA CULTURE ET L'ÉLEVAGE. CETTE PÉRIODE, CONNUE SOUS LE NOM DE RÉVOLUTION NÉOLITHIQUE, A VU LA DOMESTICATION DE PLANTES TELLES QUE L'ORGE, LE BLÉ, LES POIS, ET DE NOMBREUX TYPES DE LÉGUMES, AINSI QUE D'ANIMAUX COMME LES BOVINS, LES MOUTONS, ET LES CHÈVRES. CETTE TRANSFORMATION A NON SEULEMENT CHANGÉ LES HABITUDES ALIMENTAIRES, MAIS A ÉGALEMENT ENGENDRÉ DES DÉVELOPPEMENTS SIGNIFICATIFS DANS LES OUTILS AGRICOLES, LES SYSTÈMES D'IRRIGATION ET LES TECHNIQUES DE STOCKAGE DES ALIMENTS, POSANT AINSI LES FONDATIONS DES CIVILISATIONS MODERNES.

2

CULTURES PRINCIPALES

LE BLÉ, LE MAÏS ET LE RIZ DOMINENT LA SCÈNE AGRICOLE MONDIALE, CONSTITUANT LES BASES ALIMENTAIRES DE LA MAJORITÉ DE LA POPULATION MONDIALE. LE BLÉ, CULTIVÉ SUR TOUS LES CONTINENTS À L'EXCEPTION DE L'ANTARCTIQUE, EST ESSENTIEL POUR DE NOMBREUX RÉGIMES, SERVANT DE BASE À DES ALIMENTS COMME LE PAIN, LES PÂTES ET LES CÉRÉALES. LE MAÏS, ORIGINAIRE DES AMÉRIQUES, EST NON SEULEMENT UN ALIMENT DE BASE, MAIS AUSSI UNE RESSOURCE CRUCIALE POUR LA PRODUCTION DE BIOCARBURANTS ET DE PRODUITS ALIMENTAIRES TRANSFORMÉS. LE RIZ, QUANT À LUI, EST LE PILIER DE L'ALIMENTATION EN ASIE ET EST DE PLUS EN PLUS POPULAIRE DANS LE MONDE ENTIER. CES TROIS CULTURES NE SONT PAS SEULEMENT VITALES POUR LA SUBSISTANCE HUMAINE; ELLES JOUENT ÉGALEMENT UN RÔLE CLÉ DANS LES ÉCONOMIES MONDIALES, INFLUENÇANT LES POLITIQUES AGRICOLES ET COMMERCIALES.

3

RÉVOLUTION VERTE

LA RÉVOLUTION VERTE, INITIÉE DANS LES ANNÉES 1960 ET 1970, A MARQUÉ UN TOURNANT MAJEUR DANS L'HISTOIRE DE L'AGRICULTURE MODERNE. ELLE A ÉTÉ CARACTÉRISÉE PAR L'INTRODUCTION DE VARIÉTÉS DE CULTURES À HAUT RENDEMENT, PARTICULIÈREMENT POUR LE BLÉ, LE RIZ ET LE MAÏS, ET L'UTILISATION INTENSIVE D'ENGRAIS CHIMIQUES, DE PESTICIDES ET D'IRRIGATION. CE MOUVEMENT, PRINCIPALEMENT DIRIGÉ PAR L'AGRONOME AMÉRICAIN NORMAN BORLAUG, AVAIT POUR BUT DE COMBATTRE LA FAIM DANS LE MONDE, EN PARTICULIER DANS LES PAYS EN DÉVELOPPEMENT. LES INNOVATIONS DE LA RÉVOLUTION VERTE ONT CONSIDÉRABLEMENT AUGMENTÉ LA PRODUCTION AGRICOLE, PERMETTANT DE NOURRIR UNE POPULATION MONDIALE EN CROISSANCE RAPIDE. CEPENDANT, ELLES ONT ÉGALEMENT ENTRAÎNÉ DES CONSÉQUENCES ENVIRONNEMENTALES, TELLES QUE LA DÉGRADATION DES SOLS, LA PERTE DE BIODIVERSITÉ, ET L'ÉPUISEMENT DES RESSOURCES EN EAU, SOULIGNANT LE BESOIN D'APPROCHES AGRICOLES PLUS DURABLES.

AGROÉCOLOGIE DURABLE

L'AGROÉCOLOGIE EST UNE APPROCHE INTÉGRÉE DE L'AGRICULTURE QUI SE CONCENTRE SUR LA CRÉATION DE SYSTÈMES AGRICOLES DURABLES ET RESPECTUEUX DE L'ENVIRONNEMENT. ELLE COMBINE DES CONNAISSANCES ISSUES DE DIVERSES DISCIPLINES COMME L'ÉCOLOGIE, LA SOCIOLOGIE ET L'ÉCONOMIE, AVEC L'EXPÉRIENCE PRATIQUE DES AGRICULTEURS. AU CŒUR DE L'AGROÉCOLOGIE SE TROUVE LA PROMOTION DE PRATIQUES TELLES QUE LA POLYCULTURE, LA CONSERVATION DES SOLS, LA GESTION INTÉGRÉE DES NUISIBLES ET L'UTILISATION DE RESSOURCES RENOUVELABLES. EN FAVORISANT LES INTERACTIONS BÉNÉFIQUES ENTRE LES PLANTES, LES ANIMAUX, LES HUMAINS ET L'ENVIRONNEMENT, L'AGROÉCOLOGIE VISE À RÉDUIRE LA DÉPENDANCE AUX INTRANTS CHIMIQUES, À AMÉLIORER LA BIODIVERSITÉ ET À SOUTENIR LES COMMUNAUTÉS LOCALES. ELLE RÉPOND AUX DÉFIS DU CHANGEMENT CLIMATIQUE ET DE LA SÉCURITÉ ALIMENTAIRE EN ENCOURAGEANT DES SYSTÈMES ALIMENTAIRES PLUS RÉSILIENTS ET ÉQUITABLES.

5

PERMACULTURE NATURELLE

LA PERMACULTURE EST UNE PHILOSOPHIE DE CONCEPTION AGRICOLE AXÉE SUR LA CRÉATION DE SYSTÈMES QUI IMITENT LES MODÈLES ET LES RELATIONS OBSERVÉS DANS LA NATURE. FONDÉE PAR BILL MOLLISON ET DAVID HOLMGREN DANS LES ANNÉES 1970, ELLE SE CONCENTRE SUR L'ÉTABLISSEMENT D'ÉCOSYSTÈMES AGRICOLES PÉRENNES ET AUTOSUFFISANTS QUI FOURNISSENT DE LA NOURRITURE, DE L'ABRI ET D'AUTRES BESOINS HUMAINS DE MANIÈRE ÉCOLOGIQUEMENT DURABLE. LES PRINCIPES DE LA PERMACULTURE COMPRENNENT LA DIVERSITÉ, LA STABILITÉ ET LA RÉSILIENCE, EN CHERCHANT À CRÉER DES « JARDINS-FORÊTS » PRODUCTIFS QUI FAVORISENT LA BIODIVERSITÉ. CELA IMPLIQUE DES PRATIQUES COMME LA CULTURE EN STRATES, L'ASSOCIATION DE CULTURES, LA GESTION NATURELLE DES RAVAGEURS ET LA CONSTRUCTION DE SOLS SAINS. LA PERMACULTURE EST PLUS QU'UNE MÉTHODE AGRICOLE; C'EST UNE APPROCHE HOLISTIQUE DE LA VIE, INTÉGRANT DES ASPECTS TELS QUE LES ÉNERGIES RENOUVELABLES ET LA CONSTRUCTION ÉCOLOGIQUE POUR DÉVELOPPER DES COMMUNAUTÉS DURABLES ET RESPECTUEUSES DE L'ENVIRONNEMENT.

6

OGM AGRICOLES

LES ORGANISMES GÉNÉTIQUEMENT MODIFIÉS (OGM) SONT DES PLANTES OU DES ANIMAUX DONT LE MATÉRIEL GÉNÉTIQUE A ÉTÉ MODIFIÉ EN LABORATOIRE POUR OBTENIR DES CARACTÉRISTIQUES SOUHAITÉES, TELLES QU'UNE RÉSISTANCE ACCRUE AUX MALADIES, AUX RAVAGEURS OU AUX CONDITIONS ENVIRONNEMENTALES DIFFICILES, ET UNE MEILLEURE PRODUCTIVITÉ. INTRODUITS DANS L'AGRICULTURE COMMERCIALE DANS LES ANNÉES 1990, LES OGM ONT SUSCITÉ DES DÉBATS INTENSES. LES PARTISANS SOULIGNENT LEUR POTENTIEL À AUGMENTER LE RENDEMENT DES CULTURES, À RÉDUIRE LES BESOINS EN PESTICIDES ET À AMÉLIORER LA SÉCURITÉ ALIMENTAIRE, SURTOUT DANS LES RÉGIONS CONFRONTÉES À DES DÉFIS AGRICOLES MAJEURS. CEPENDANT, LES OGM FONT FACE À DES PRÉOCCUPATIONS ÉTHIQUES, ENVIRONNEMENTALES ET DE SANTÉ, NOTAMMENT EN CE QUI CONCERNE LES IMPACTS POTENTIELS SUR LES ÉCOSYSTÈMES, LA BIODIVERSITÉ ET LA RÉSISTANCE AUX HERBICIDES. LES RÉGLEMENTATIONS ET LES PERCEPTIONS PUBLIQUES VARIENT CONSIDÉRABLEMENT D'UN PAYS À L'AUTRE, REFLÉTANT LES COMPLEXITÉS ET LES CONTROVERSES ENTOURANT CETTE TECHNOLOGIE.

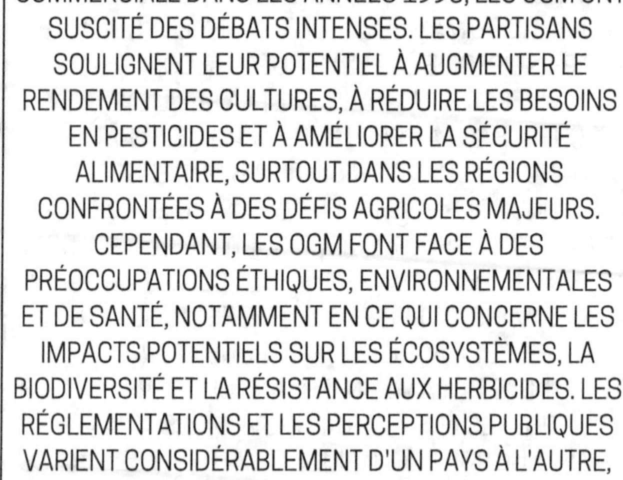

IRRIGATION ESSENTIELLE

L'IRRIGATION JOUE UN RÔLE CRUCIAL DANS LES RÉGIONS ARIDES, OÙ LA RARETÉ DE L'EAU REND LA CULTURE DES PLANTES PARTICULIÈREMENT DIFFICILE. CETTE TECHNIQUE CONSISTE À APPORTER ARTIFICIELLEMENT DE L'EAU AUX CULTURES POUR COMPENSER LE MANQUE DE PRÉCIPITATIONS. ELLE PERMET NON SEULEMENT DE CULTIVER UNE VARIÉTÉ PLUS LARGE DE PLANTES MAIS AUSSI D'AUGMENTER SIGNIFICATIVEMENT LE RENDEMENT DES CULTURES DANS CES ZONES. LES MÉTHODES D'IRRIGATION VARIENT, ALLANT DE SYSTÈMES TRADITIONNELS COMME LES CANAUX ET LES BASSINS, AUX TECHNOLOGIES MODERNES TELLES QUE L'IRRIGATION GOUTTE À GOUTTE ET L'ASPERSION, QUI SONT PLUS EFFICACES EN TERMES D'ÉCONOMIE D'EAU. L'IRRIGATION A UN IMPACT PROFOND SUR LE DÉVELOPPEMENT AGRICOLE ET ÉCONOMIQUE DES RÉGIONS ARIDES, MAIS ELLE SOULÈVE ÉGALEMENT DES PRÉOCCUPATIONS ENVIRONNEMENTALES TELLES QUE L'ÉPUISEMENT DES RÉSERVES D'EAU SOUTERRAINES ET LA SALINISATION DES SOLS, NÉCESSITANT UNE GESTION PRUDENTE ET DURABLE DES RESSOURCES EN EAU.

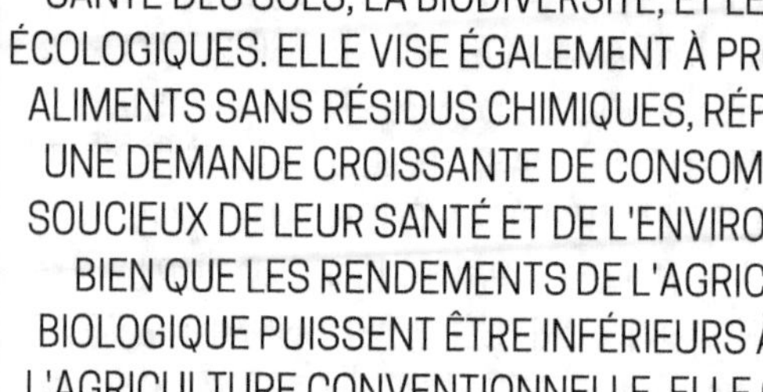

BIO AGRICULTURE

L'AGRICULTURE BIOLOGIQUE EST UNE MÉTHODE DE PRODUCTION QUI VISE À CULTIVER DES ALIMENTS DE MANIÈRE ÉCOLOGIQUEMENT DURABLE, EN MINIMISANT L'IMPACT SUR L'ENVIRONNEMENT. ELLE SE DISTINGUE PAR SON REFUS D'UTILISER DES PESTICIDES ET DES ENGRAIS CHIMIQUES DE SYNTHÈSE, PRÉFÉRANT DES ALTERNATIVES NATURELLES TELLES QUE LE COMPOST, LE FUMIER ET LA LUTTE BIOLOGIQUE CONTRE LES PARASITES. L'AGRICULTURE BIOLOGIQUE MET L'ACCENT SUR LE MAINTIEN ET L'AMÉLIORATION DE LA SANTÉ DES SOLS, LA BIODIVERSITÉ, ET LES CYCLES ÉCOLOGIQUES. ELLE VISE ÉGALEMENT À PRODUIRE DES ALIMENTS SANS RÉSIDUS CHIMIQUES, RÉPONDANT À UNE DEMANDE CROISSANTE DE CONSOMMATEURS SOUCIEUX DE LEUR SANTÉ ET DE L'ENVIRONNEMENT. BIEN QUE LES RENDEMENTS DE L'AGRICULTURE BIOLOGIQUE PUISSENT ÊTRE INFÉRIEURS À CEUX DE L'AGRICULTURE CONVENTIONNELLE, ELLE OFFRE DES AVANTAGES SIGNIFICATIFS EN TERMES DE DURABILITÉ ENVIRONNEMENTALE ET DE BIEN-ÊTRE ANIMAL.

9

ROTATION CULTURALE

LA ROTATION DES CULTURES EST UNE PRATIQUE
AGRICOLE ANCIENNE VISANT À MAINTENIR OU À
AMÉLIORER LA SANTÉ DES SOLS. ELLE CONSISTE À
PLANTER DIFFÉRENTES CULTURES SUR UNE MÊME
PARCELLE DE TERRAIN DANS UN ORDRE SÉQUENTIEL
SUR PLUSIEURS SAISONS OU ANNÉES. CETTE
TECHNIQUE CONTRIBUE À RÉDUIRE L'ÉPUISEMENT DES
NUTRIMENTS DU SOL, À CONTRÔLER LES MALADIES ET
LES PARASITES, ET À AMÉLIORER LA STRUCTURE ET LA
FERTILITÉ DU SOL. EN ALTERNANT DES CULTURES
AYANT DES BESOINS NUTRITIONNELS DIFFÉRENTS, LA
ROTATION DES CULTURES AIDE À MAINTENIR UN
ÉQUILIBRE NATUREL DANS LE SOL, ÉVITANT AINSI LA
SURUTILISATION DE CERTAINS NUTRIMENTS. ELLE EST
ÉGALEMENT BÉNÉFIQUE POUR LA GESTION DES
MAUVAISES HERBES ET PEUT MÊME AUGMENTER LA
PRODUCTIVITÉ DES CULTURES. EN SOUTENANT LA
DIVERSITÉ BIOLOGIQUE ET EN RÉDUISANT LA
DÉPENDANCE AUX INTRANTS CHIMIQUES, LA ROTATION
DES CULTURES EST UN ÉLÉMENT CLÉ DE
L'AGRICULTURE DURABLE ET DE LA GESTION INTÉGRÉE
DES NUISIBLES.

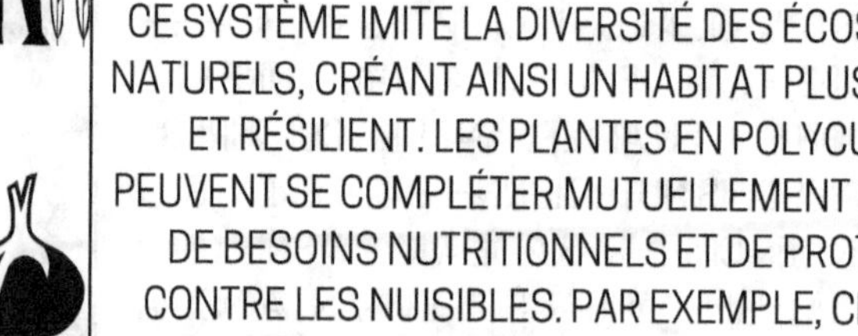

10

POLYCULTURE DIVERSIFIÉE

LA POLYCULTURE EST UNE MÉTHODE AGRICOLE QUI IMPLIQUE LA CULTURE SIMULTANÉE DE PLUSIEURS TYPES DE PLANTES SUR LA MÊME PARCELLE DE TERRE. CONTRAIREMENT À LA MONOCULTURE, OÙ UNE SEULE CULTURE EST PLANTÉE SUR UNE GRANDE ÉTENDUE, LA POLYCULTURE FAVORISE LA DIVERSITÉ BIOLOGIQUE ET RÉDUIT LES RISQUES DE MALADIES ET DE RAVAGEURS. CE SYSTÈME IMITE LA DIVERSITÉ DES ÉCOSYSTÈMES NATURELS, CRÉANT AINSI UN HABITAT PLUS ÉQUILIBRÉ ET RÉSILIENT. LES PLANTES EN POLYCULTURE PEUVENT SE COMPLÉTER MUTUELLEMENT EN TERMES DE BESOINS NUTRITIONNELS ET DE PROTECTION CONTRE LES NUISIBLES. PAR EXEMPLE, CERTAINES PLANTES REPOUSSENT LES INSECTES NUISIBLES TANDIS QUE D'AUTRES ATTIRENT DES POLLINISATEURS UTILES. CETTE MÉTHODE PEUT ÉGALEMENT AMÉLIORER LA QUALITÉ DU SOL ET RÉDUIRE L'ÉROSION. LA POLYCULTURE EST SOUVENT UTILISÉE DANS L'AGRICULTURE BIOLOGIQUE ET LA PERMACULTURE POUR CRÉER DES SYSTÈMES DE PRODUCTION PLUS DURABLES.

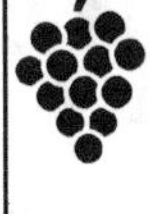

11

AGRICULTURE AQUATIQUE

LA PÊCHE ET L'AQUACULTURE SONT DEUX COMPOSANTES ESSENTIELLES DE L'AGRICULTURE AQUATIQUE, JOUANT UN RÔLE CRUCIAL DANS LA SÉCURITÉ ALIMENTAIRE MONDIALE. LA PÊCHE FAIT RÉFÉRENCE À LA CAPTURE DE POISSONS ET AUTRES ESPÈCES AQUATIQUES DANS LES MILIEUX NATURELS, COMME LES OCÉANS, LES LACS ET LES RIVIÈRES. L'AQUACULTURE, QUANT À ELLE, EST L'ÉLEVAGE CONTRÔLÉ DE POISSONS, CRUSTACÉS, MOLLUSQUES, ALGUES ET AUTRES ORGANISMES AQUATIQUES. ELLE PERMET DE PRODUIRE DES RESSOURCES ALIMENTAIRES DANS DES CONDITIONS OPTIMISÉES POUR AUGMENTER LA PRODUCTIVITÉ. ALORS QUE LA PÊCHE DÉPEND DE L'ABONDANCE ET DE LA SANTÉ DES STOCKS SAUVAGES, L'AQUACULTURE OFFRE UNE ALTERNATIVE PLUS DURABLE POUR RÉPONDRE À LA DEMANDE CROISSANTE EN PRODUITS DE LA MER. NÉANMOINS, L'AQUACULTURE DOIT ÊTRE GÉRÉE DE MANIÈRE RESPONSABLE POUR ÉVITER LES PROBLÈMES ENVIRONNEMENTAUX TELS QUE LA POLLUTION ET LA DÉGRADATION DES HABITATS.

12

ÉLEVAGE INTENSIF

L'ÉLEVAGE INTENSIF, OU ÉLEVAGE INDUSTRIEL, EST UNE MÉTHODE D'ÉLEVAGE DE BÉTAIL À GRANDE ÉCHELLE, CONÇUE POUR MAXIMISER LA PRODUCTION TOUT EN MINIMISANT LES COÛTS. CETTE MÉTHODE SE CARACTÉRISE PAR DE GRANDS NOMBRES D'ANIMAUX ÉLEVÉS DANS DES ESPACES CONFINÉS, L'UTILISATION D'ALIMENTS SPÉCIALEMENT FORMULÉS, ET SOUVENT, L'ADMINISTRATION DE MÉDICAMENTS, COMME DES ANTIBIOTIQUES, POUR PROMOUVOIR LA CROISSANCE ET PRÉVENIR LES MALADIES. BIEN QUE L'ÉLEVAGE INTENSIF SOIT EFFICACE POUR PRODUIRE DE GRANDES QUANTITÉS DE VIANDE, DE LAIT ET D'ŒUFS À UN COÛT RELATIVEMENT BAS, IL SOULÈVE D'IMPORTANTES PRÉOCCUPATIONS ENVIRONNEMENTALES ET ÉTHIQUES. LES IMPACTS ENVIRONNEMENTAUX COMPRENNENT LA POLLUTION DE L'EAU, L'ÉMISSION DE GAZ À EFFET DE SERRE, ET LA CONSOMMATION EXCESSIVE DE RESSOURCES TELLES QUE L'EAU ET LES CÉRÉALES. EN OUTRE, LES CONDITIONS DE VIE DES ANIMAUX DANS CES SYSTÈMES SONT SOUVENT CRITIQUÉES POUR LEUR MANQUE DE BIEN-ÊTRE ANIMAL.

13

APICULTURE CRUCIALE

L'APICULTURE, L'ÉLEVAGE DES ABEILLES POUR LA PRODUCTION DE MIEL ET D'AUTRES PRODUITS, JOUE UN RÔLE ESSENTIEL DANS LA POLLINISATION DES CULTURES. LES ABEILLES SONT DES POLLINISATEURS VITAUX POUR UNE GRANDE VARIÉTÉ DE PLANTES, Y COMPRIS DE NOMBREUSES CULTURES ALIMENTAIRES. EN VISITANT LES FLEURS POUR COLLECTER LE NECTAR ET LE POLLEN, LES ABEILLES TRANSFÈRENT LE POLLEN D'UNE FLEUR À L'AUTRE, FACILITANT AINSI LA REPRODUCTION DES PLANTES. CETTE POLLINISATION CROISÉE EST CRUCIALE POUR LA PRODUCTION DE FRUITS, DE LÉGUMES, ET DE SEMENCES. ENVIRON UN TIERS DE LA PRODUCTION ALIMENTAIRE MONDIALE DÉPEND DES POLLINISATEURS, PRINCIPALEMENT DES ABEILLES. CEPENDANT, LES POPULATIONS D'ABEILLES SONT MENACÉES PAR DES FACTEURS TELS QUE LES PESTICIDES, LA PERTE D'HABITAT, LES MALADIES ET LE CHANGEMENT CLIMATIQUE. PROTÉGER LES ABEILLES ET D'AUTRES POLLINISATEURS EST DONC ESSENTIEL POUR LA SÉCURITÉ ALIMENTAIRE ET LA SANTÉ DES ÉCOSYSTÈMES.

MÉCANISATION AGRICOLE

LA MÉCANISATION AGRICOLE, L'UTILISATION DE MACHINES POUR EFFECTUER DES TRAVAUX AGRICOLES, A RÉVOLUTIONNÉ L'AGRICULTURE EN AUGMENTANT CONSIDÉRABLEMENT L'EFFICACITÉ DE LA PRODUCTION. DES MACHINES COMME LES TRACTEURS, LES MOISSONNEUSES-BATTEUSES, ET LES SYSTÈMES D'IRRIGATION AUTOMATISÉS ONT PERMIS UNE AUGMENTATION SIGNIFICATIVE DE LA PRODUCTIVITÉ ET UNE RÉDUCTION DU TRAVAIL MANUEL. CELA A ENTRAÎNÉ UNE PRODUCTION ALIMENTAIRE ACCRUE ET UNE BAISSE DES COÛTS, CONTRIBUANT À NOURRIR UNE POPULATION MONDIALE CROISSANTE. CEPENDANT, LA MÉCANISATION A ÉGALEMENT EU DES CONSÉQUENCES SOCIALES, NOTAMMENT LA PERTE D'EMPLOIS POUR DE NOMBREUX TRAVAILLEURS AGRICOLES. ELLE A CONDUIT À UNE MIGRATION DES ZONES RURALES VERS LES VILLES ET A MODIFIÉ LA STRUCTURE SOCIO-ÉCONOMIQUE DES COMMUNAUTÉS AGRICOLES. LA MÉCANISATION POSE ÉGALEMENT DES DÉFIS EN TERMES DE DURABILITÉ, CAR ELLE NÉCESSITE DES INVESTISSEMENTS IMPORTANTS ET PEUT CONDUIRE À UNE UTILISATION INTENSIVE DES TERRES.

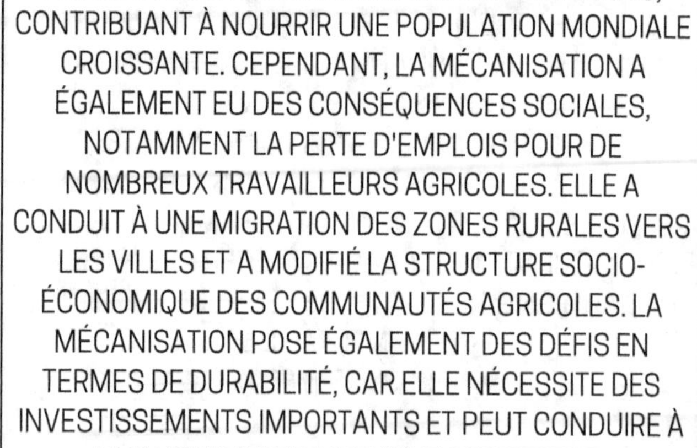

15

SERRES INNOVANTES

LES SERRES SONT DES STRUCTURES CONÇUES POUR CRÉER DES CONDITIONS ENVIRONNEMENTALES OPTIMALES POUR LA CULTURE DE PLANTES, PERMETTANT AINSI LA PRODUCTION AGRICOLE HORS SAISON ET DANS DES RÉGIONS AU CLIMAT INAPPROPRIÉ POUR CERTAINES CULTURES. EN CONTRÔLANT DES FACTEURS TELS QUE LA TEMPÉRATURE, L'HUMIDITÉ, LA LUMIÈRE ET LE DIOXYDE DE CARBONE, LES SERRES RENDENT POSSIBLE LA CULTURE DE FRUITS, DE LÉGUMES, DE FLEURS ET D'AUTRES PLANTES TOUTE L'ANNÉE, INDÉPENDAMMENT DES CONDITIONS MÉTÉOROLOGIQUES EXTÉRIEURES. ELLES SONT PARTICULIÈREMENT UTILES DANS LES RÉGIONS FROIDES OU ARIDES, OÙ LES CONDITIONS EXTÉRIEURES NE PERMETTENT PAS LA CULTURE EN PLEIN CHAMP. LES SERRES MODERNES PEUVENT ÊTRE HAUTEMENT TECHNOLOGIQUES, ÉQUIPÉES DE SYSTÈMES AUTOMATISÉS POUR L'ARROSAGE, LA VENTILATION ET L'ÉCLAIRAGE. ELLES JOUENT UN RÔLE IMPORTANT DANS LA PRODUCTION ALIMENTAIRE, EN PARTICULIER POUR LES MARCHÉS LOCAUX, EN RÉDUISANT LA DÉPENDANCE AUX IMPORTATIONS ET EN MINIMISANT LES PERTES DUES AUX INTEMPÉRIES.

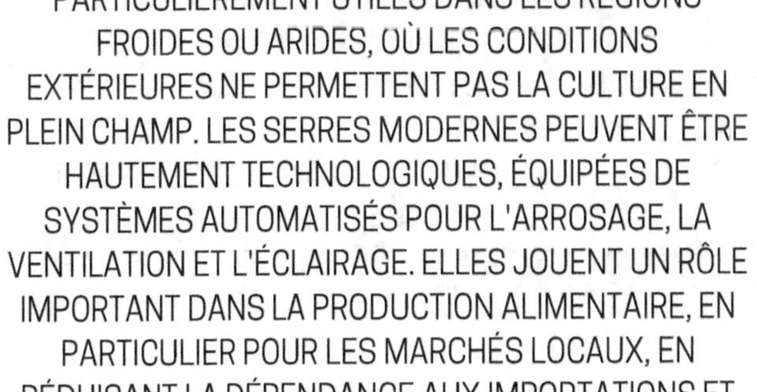

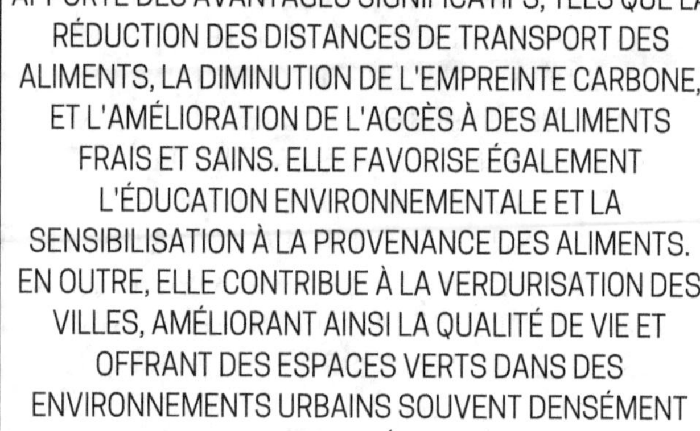

16

AGRICULTURE URBAINE

L'AGRICULTURE URBAINE, LA PRATIQUE DE CULTIVER DES ALIMENTS DANS DES ZONES URBAINES, GAGNE EN POPULARITÉ EN TANT QUE MOYEN DE PRODUCTION ALIMENTAIRE LOCALE. ELLE COMPREND UNE VARIÉTÉ DE TECHNIQUES, TELLES QUE LES JARDINS SUR LES TOITS, LES JARDINS COMMUNAUTAIRES, L'HYDROPONIE, ET MÊME L'AQUAPONIE, PERMETTANT DE CULTIVER DES ALIMENTS FRAIS DANS DES ESPACES SOUVENT LIMITÉS. L'AGRICULTURE URBAINE APPORTE DES AVANTAGES SIGNIFICATIFS, TELS QUE LA RÉDUCTION DES DISTANCES DE TRANSPORT DES ALIMENTS, LA DIMINUTION DE L'EMPREINTE CARBONE, ET L'AMÉLIORATION DE L'ACCÈS À DES ALIMENTS FRAIS ET SAINS. ELLE FAVORISE ÉGALEMENT L'ÉDUCATION ENVIRONNEMENTALE ET LA SENSIBILISATION À LA PROVENANCE DES ALIMENTS. EN OUTRE, ELLE CONTRIBUE À LA VERDURISATION DES VILLES, AMÉLIORANT AINSI LA QUALITÉ DE VIE ET OFFRANT DES ESPACES VERTS DANS DES ENVIRONNEMENTS URBAINS SOUVENT DENSÉMENT PEUPLÉS.

17

COMPOSTAGE EFFICACE

LE COMPOSTAGE EST UN PROCESSUS BIOLOGIQUE DE DÉCOMPOSITION DE MATIÈRES ORGANIQUES COMME LES RESTES DE NOURRITURE, LES FEUILLES, ET LES BRANCHES, EN UN RICHE AMENDEMENT DU SOL APPELÉ COMPOST. CE PROCESSUS EST FACILITÉ PAR DES MICRO-ORGANISMES COMME LES BACTÉRIES ET LES CHAMPIGNONS, AINSI QUE PAR DES INVERTÉBRÉS COMME LES VERS DE TERRE. LE COMPOSTAGE TRANSFORME LES DÉCHETS DE CUISINE ET DE JARDIN EN UN PRODUIT RICHE EN NUTRIMENTS, AMÉLIORANT LA STRUCTURE, LA FERTILITÉ, ET L'ACTIVITÉ BIOLOGIQUE DES SOLS. UTILISÉ COMME UN AMENDEMENT DU SOL, LE COMPOST AUGMENTE LA CAPACITÉ DE RÉTENTION D'EAU, FOURNIT DES NUTRIMENTS ESSENTIELS POUR LA CROISSANCE DES PLANTES, ET PEUT AIDER À RÉDUIRE LA DÉPENDANCE AUX ENGRAIS CHIMIQUES. C'EST UNE PRATIQUE ÉCOLOGIQUE QUI CONTRIBUE À LA GESTION DURABLE DES DÉCHETS ORGANIQUES ET AU CYCLE DE VIE DES RESSOURCES NATURELLES.

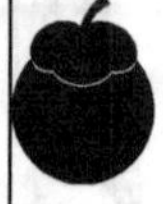

18

ENGRAIS VERTS

LES ENGRAIS VERTS SONT DES PLANTES, SOUVENT DES LÉGUMINEUSES, DES GRAMINÉES OU D'AUTRES PLANTES À CROISSANCE RAPIDE, CULTIVÉES SPÉCIFIQUEMENT POUR AMÉLIORER OU MAINTENIR LA FERTILITÉ DU SOL. CES PLANTES SONT GÉNÉRALEMENT SEMÉES DANS LES CHAMPS ENTRE LES SAISONS DES CULTURES PRINCIPALES OU EN TANT QUE CULTURE DE COUVERTURE. LORSQU'ELLES SONT ENFOUIES DANS LE SOL, ELLES SE DÉCOMPOSENT ET LIBÈRENT DES NUTRIMENTS, TELS QUE L'AZOTE, INDISPENSABLES À LA CROISSANCE DES CULTURES SUIVANTES. LES ENGRAIS VERTS AIDENT ÉGALEMENT À AMÉLIORER LA STRUCTURE DU SOL, À AUGMENTER LA MATIÈRE ORGANIQUE, À PRÉVENIR L'ÉROSION, ET À GÉRER LES MAUVAISES HERBES ET LES MALADIES. ILS JOUENT UN RÔLE ESSENTIEL DANS LES SYSTÈMES DE CULTURE DURABLE EN CONTRIBUANT À UN SOL SAIN ET À UN ENVIRONNEMENT AGRICOLE ÉQUILIBRÉ.

RISQUES MONOCULTURE

LA MONOCULTURE, LA PRATIQUE DE CULTIVER UNE SEULE ESPÈCE DE PLANTE SUR UNE GRANDE SURFACE ET SOUVENT PENDANT PLUSIEURS ANNÉES CONSÉCUTIVES, PEUT AUGMENTER LA VULNÉRABILITÉ DES CULTURES AUX MALADIES ET AUX RAVAGEURS. CETTE UNIFORMITÉ GÉNÉTIQUE REND LES PLANTES PLUS SUSCEPTIBLES AUX ÉPIDÉMIES, CAR UN PATHOGÈNE OU UN PARASITE PEUT FACILEMENT SE PROPAGER DANS UN CHAMP OÙ TOUTES LES PLANTES SONT IDENTIQUES ET SENSIBLES. DE PLUS, LA MONOCULTURE PEUT ÉPUISER LES NUTRIMENTS DU SOL, NÉCESSITANT L'UTILISATION ACCRUE D'ENGRAIS CHIMIQUES. CELA PEUT ÉGALEMENT RÉDUIRE LA BIODIVERSITÉ DU SOL ET DES ÉCOSYSTÈMES ENVIRONNANTS. LES AGRICULTEURS DOIVENT SOUVENT RECOURIR À DES PESTICIDES POUR CONTRÔLER LES RAVAGEURS ET LES MALADIES, CE QUI PEUT AVOIR DES EFFETS NÉFASTES SUR L'ENVIRONNEMENT ET LA SANTÉ HUMAINE. LA DIVERSIFICATION DES CULTURES EST DONC ENCOURAGÉE POUR CRÉER DES SYSTÈMES AGRICOLES PLUS RÉSILIENTS.

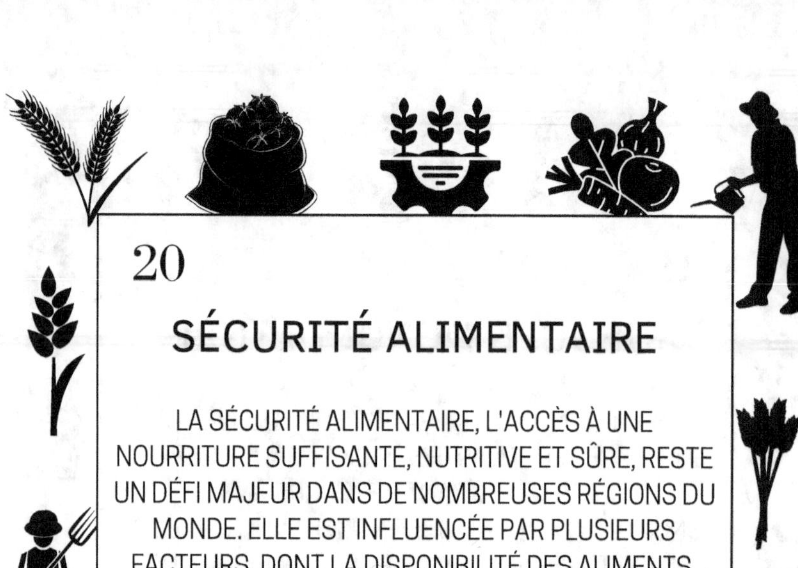

SÉCURITÉ ALIMENTAIRE

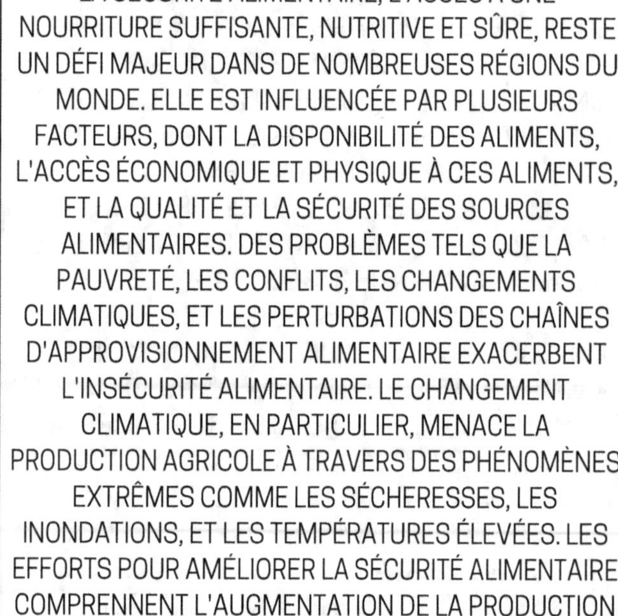

LA SÉCURITÉ ALIMENTAIRE, L'ACCÈS À UNE NOURRITURE SUFFISANTE, NUTRITIVE ET SÛRE, RESTE UN DÉFI MAJEUR DANS DE NOMBREUSES RÉGIONS DU MONDE. ELLE EST INFLUENCÉE PAR PLUSIEURS FACTEURS, DONT LA DISPONIBILITÉ DES ALIMENTS, L'ACCÈS ÉCONOMIQUE ET PHYSIQUE À CES ALIMENTS, ET LA QUALITÉ ET LA SÉCURITÉ DES SOURCES ALIMENTAIRES. DES PROBLÈMES TELS QUE LA PAUVRETÉ, LES CONFLITS, LES CHANGEMENTS CLIMATIQUES, ET LES PERTURBATIONS DES CHAÎNES D'APPROVISIONNEMENT ALIMENTAIRE EXACERBENT L'INSÉCURITÉ ALIMENTAIRE. LE CHANGEMENT CLIMATIQUE, EN PARTICULIER, MENACE LA PRODUCTION AGRICOLE À TRAVERS DES PHÉNOMÈNES EXTRÊMES COMME LES SÉCHERESSES, LES INONDATIONS, ET LES TEMPÉRATURES ÉLEVÉES. LES EFFORTS POUR AMÉLIORER LA SÉCURITÉ ALIMENTAIRE COMPRENNENT L'AUGMENTATION DE LA PRODUCTION ALIMENTAIRE DURABLE, L'AMÉLIORATION DES INFRASTRUCTURES DE DISTRIBUTION, ET L'ASSURANCE QUE LES ALIMENTS SONT SÛRS ET NUTRITIFS. CELA REQUIERT UNE APPROCHE COORDONNÉE IMPLIQUANT LES GOUVERNEMENTS, LES ORGANISATIONS INTERNATIONALES, ET LES COMMUNAUTÉS LOCALES.

CULTURES COUVERTURE

LES CULTURES DE COUVERTURE SONT DES PLANTES CULTIVÉES PRINCIPALEMENT POUR LES BÉNÉFICES QU'ELLES APPORTENT AU SOL, PLUTÔT QUE POUR ÊTRE RÉCOLTÉES POUR LA CONSOMMATION OU LA VENTE. ELLES SONT SOUVENT PLANTÉES PENDANT LES PÉRIODES HORS PRODUCTION DES CULTURES PRINCIPALES POUR EMPÊCHER L'ÉROSION, AMÉLIORER LA STRUCTURE DU SOL, AUGMENTER LA MATIÈRE ORGANIQUE, ET SUPPRIMER LES MAUVAISES HERBES. LES CULTURES DE COUVERTURE PEUVENT ÉGALEMENT FIXER L'AZOTE DANS LE SOL, LE RENDANT DISPONIBLE POUR LES CULTURES SUIVANTES, ET AIDER À CONTRÔLER LES MALADIES ET LES RAVAGEURS. TYPIQUEMENT, CES PLANTES SONT ENSUITE COUPÉES ET LAISSÉES SUR LE CHAMP COMME PAILLIS OU INCORPORÉES DANS LE SOL, AGISSANT COMME UN ENGRAIS VERT. L'UTILISATION DE CULTURES DE COUVERTURE EST UNE PRATIQUE CLÉ DANS L'AGRICULTURE DURABLE ET LA RÉGÉNÉRATION DES SOLS, CONTRIBUANT À LA SANTÉ À LONG TERME DES SYSTÈMES AGRICOLES.

USAGE PESTICIDES

LES PESTICIDES, Y COMPRIS LES INSECTICIDES, HERBICIDES ET FONGICIDES, SONT LARGEMENT UTILISÉS EN AGRICULTURE POUR CONTRÔLER LES PARASITES, LES MAUVAISES HERBES ET LES MALADIES DES PLANTES. ILS JOUENT UN RÔLE CRUCIAL DANS LA PROTECTION DES RÉCOLTES ET L'AUGMENTATION DE LA PRODUCTIVITÉ AGRICOLE. CEPENDANT, L'UTILISATION INTENSIVE DE PESTICIDES PEUT AVOIR DES IMPACTS NÉGATIFS SIGNIFICATIFS SUR L'ENVIRONNEMENT, LA BIODIVERSITÉ ET LA SANTÉ HUMAINE. LES PESTICIDES PEUVENT CONTAMINER LE SOL, L'EAU ET L'AIR, ET PEUVENT AFFECTER LES ORGANISMES NON CIBLÉS, Y COMPRIS LES INSECTES BÉNÉFIQUES, LES OISEAUX ET LES POISSONS. DE PLUS, L'EXPOSITION PROLONGÉE AUX PESTICIDES EST ASSOCIÉE À DIVERS PROBLÈMES DE SANTÉ CHEZ L'HOMME, TELS QUE LES TROUBLES NEUROLOGIQUES ET LES CANCERS. CELA A CONDUIT À UNE PRISE DE CONSCIENCE ACCRUE ET À LA RECHERCHE DE MÉTHODES DE LUTTE CONTRE LES PARASITES PLUS DURABLES, COMME LA LUTTE INTÉGRÉE CONTRE LES RAVAGEURS ET L'AGRICULTURE BIOLOGIQUE.

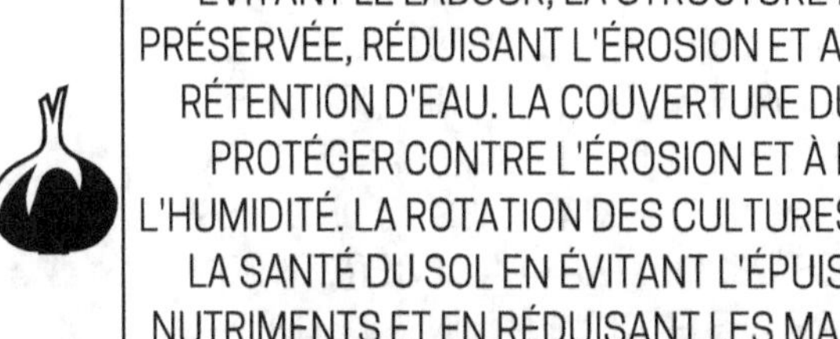

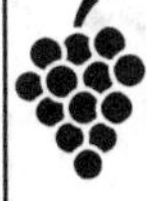

23

CONSERVATION SOL

L'AGRICULTURE DE CONSERVATION EST UNE APPROCHE DE GESTION DES TERRES AGRICOLES VISANT À PROTÉGER ET RÉGÉNÉRER LE SOL. ELLE REPOSE SUR TROIS PRINCIPES CLÉS : LA PERTURBATION MINIMALE DU SOL (NON-LABOUR), LA COUVERTURE PERMANENTE DU SOL (À L'AIDE DE RÉSIDUS DE RÉCOLTE OU DE CULTURES DE COUVERTURE), ET LA ROTATION DES CULTURES. EN ÉVITANT LE LABOUR, LA STRUCTURE DU SOL EST PRÉSERVÉE, RÉDUISANT L'ÉROSION ET AMÉLIORANT LA RÉTENTION D'EAU. LA COUVERTURE DU SOL AIDE À PROTÉGER CONTRE L'ÉROSION ET À MAINTENIR L'HUMIDITÉ. LA ROTATION DES CULTURES CONTRIBUE À LA SANTÉ DU SOL EN ÉVITANT L'ÉPUISEMENT DES NUTRIMENTS ET EN RÉDUISANT LES MALADIES ET LES PARASITES. CETTE APPROCHE FAVORISE LA DURABILITÉ À LONG TERME DES TERRES AGRICOLES, AMÉLIORE LA QUALITÉ DES SOLS ET SOUTIENT LA BIODIVERSITÉ.

SIG AGRICOLES

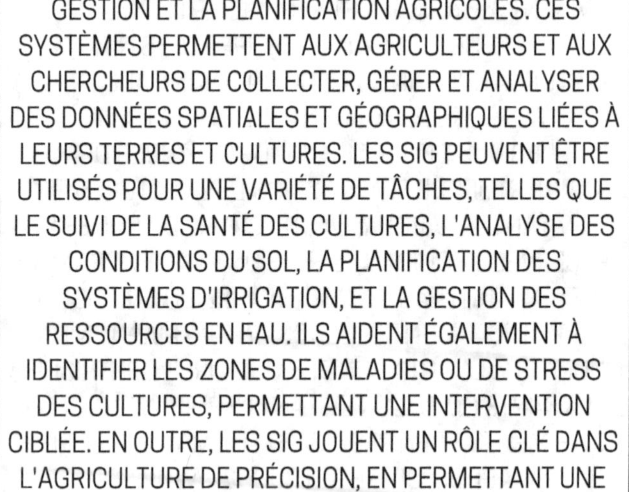

LES SYSTÈMES D'INFORMATION GÉOGRAPHIQUE (SIG) SONT DEVENUS UN OUTIL ESSENTIEL DANS LA GESTION ET LA PLANIFICATION AGRICOLES. CES SYSTÈMES PERMETTENT AUX AGRICULTEURS ET AUX CHERCHEURS DE COLLECTER, GÉRER ET ANALYSER DES DONNÉES SPATIALES ET GÉOGRAPHIQUES LIÉES À LEURS TERRES ET CULTURES. LES SIG PEUVENT ÊTRE UTILISÉS POUR UNE VARIÉTÉ DE TÂCHES, TELLES QUE LE SUIVI DE LA SANTÉ DES CULTURES, L'ANALYSE DES CONDITIONS DU SOL, LA PLANIFICATION DES SYSTÈMES D'IRRIGATION, ET LA GESTION DES RESSOURCES EN EAU. ILS AIDENT ÉGALEMENT À IDENTIFIER LES ZONES DE MALADIES OU DE STRESS DES CULTURES, PERMETTANT UNE INTERVENTION CIBLÉE. EN OUTRE, LES SIG JOUENT UN RÔLE CLÉ DANS L'AGRICULTURE DE PRÉCISION, EN PERMETTANT UNE GESTION OPTIMISÉE DES INTRANTS AGRICOLES TELS QUE LES ENGRAIS ET LES PESTICIDES, AMÉLIORANT AINSI L'EFFICACITÉ ET RÉDUISANT L'IMPACT ENVIRONNEMENTAL.

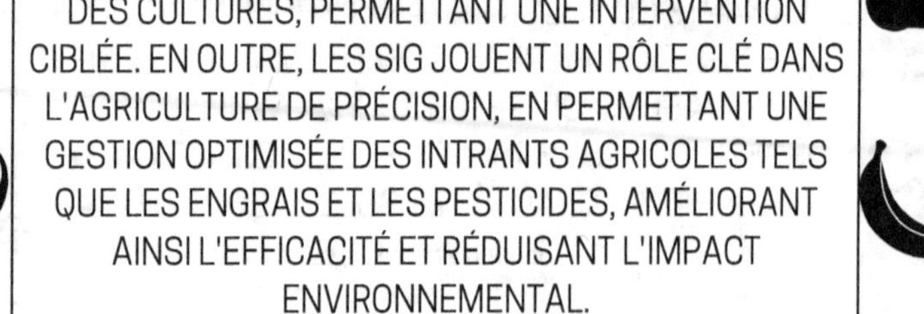

25

PRÉCISION AGRICOLE

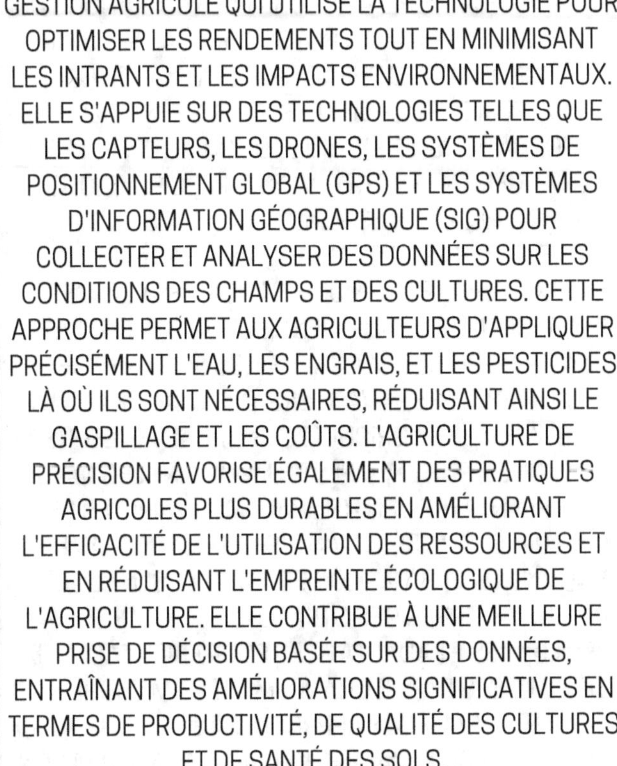

L'AGRICULTURE DE PRÉCISION EST UNE APPROCHE DE GESTION AGRICOLE QUI UTILISE LA TECHNOLOGIE POUR OPTIMISER LES RENDEMENTS TOUT EN MINIMISANT LES INTRANTS ET LES IMPACTS ENVIRONNEMENTAUX. ELLE S'APPUIE SUR DES TECHNOLOGIES TELLES QUE LES CAPTEURS, LES DRONES, LES SYSTÈMES DE POSITIONNEMENT GLOBAL (GPS) ET LES SYSTÈMES D'INFORMATION GÉOGRAPHIQUE (SIG) POUR COLLECTER ET ANALYSER DES DONNÉES SUR LES CONDITIONS DES CHAMPS ET DES CULTURES. CETTE APPROCHE PERMET AUX AGRICULTEURS D'APPLIQUER PRÉCISÉMENT L'EAU, LES ENGRAIS, ET LES PESTICIDES LÀ OÙ ILS SONT NÉCESSAIRES, RÉDUISANT AINSI LE GASPILLAGE ET LES COÛTS. L'AGRICULTURE DE PRÉCISION FAVORISE ÉGALEMENT DES PRATIQUES AGRICOLES PLUS DURABLES EN AMÉLIORANT L'EFFICACITÉ DE L'UTILISATION DES RESSOURCES ET EN RÉDUISANT L'EMPREINTE ÉCOLOGIQUE DE L'AGRICULTURE. ELLE CONTRIBUE À UNE MEILLEURE PRISE DE DÉCISION BASÉE SUR DES DONNÉES, ENTRAÎNANT DES AMÉLIORATIONS SIGNIFICATIVES EN TERMES DE PRODUCTIVITÉ, DE QUALITÉ DES CULTURES ET DE SANTÉ DES SOLS.

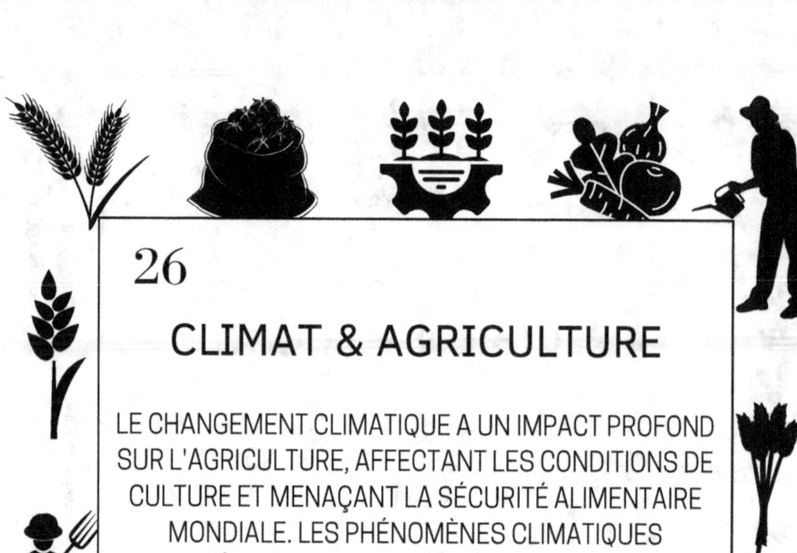

CLIMAT & AGRICULTURE

LE CHANGEMENT CLIMATIQUE A UN IMPACT PROFOND SUR L'AGRICULTURE, AFFECTANT LES CONDITIONS DE CULTURE ET MENAÇANT LA SÉCURITÉ ALIMENTAIRE MONDIALE. LES PHÉNOMÈNES CLIMATIQUES EXTRÊMES, TELS QUE LES SÉCHERESSES, LES INONDATIONS, LES VAGUES DE CHALEUR, ET LES CHANGEMENTS DE RÉGIMES DE PRÉCIPITATIONS, PEUVENT RÉDUIRE LES RENDEMENTS DES CULTURES ET AFFECTER LEUR QUALITÉ. L'AUGMENTATION DES TEMPÉRATURES ET LA MODIFICATION DES RÉGIMES DE PRÉCIPITATIONS INFLUENCENT ÉGALEMENT LA DISTRIBUTION ET LA GRAVITÉ DES MALADIES DES PLANTES ET DES RAVAGEURS. CES CHANGEMENTS OBLIGENT LES AGRICULTEURS À ADAPTER LEURS PRATIQUES, PAR EXEMPLE EN MODIFIANT LES DATES DE PLANTATION, EN UTILISANT DES VARIÉTÉS DE CULTURES PLUS RÉSISTANTES, OU EN ADOPTANT DE NOUVELLES TECHNOLOGIES. IL EST ESSENTIEL DE DÉVELOPPER DES STRATÉGIES AGRICOLES RÉSILIENTES ET ADAPTATIVES POUR FAIRE FACE AUX DÉFIS POSÉS PAR LE CHANGEMENT CLIMATIQUE, EN INTÉGRANT DES APPROCHES TELLES QUE L'AGROÉCOLOGIE, L'AGRICULTURE DE CONSERVATION ET L'AGRICULTURE DE PRÉCISION.

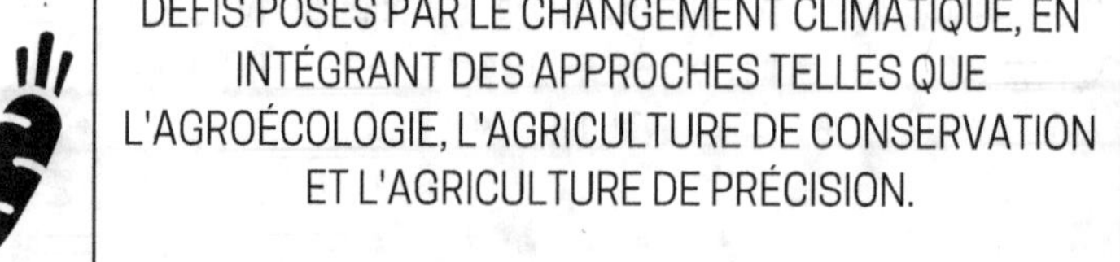

27

BIOTECHNOLOGIE AGRICOLE

LA BIOTECHNOLOGIE AGRICOLE ENGLOBE L'UTILISATION DE TECHNIQUES ET D'OUTILS SCIENTIFIQUES AVANCÉS POUR AMÉLIORER LES PLANTES, LES ANIMAUX ET LES MICRO-ORGANISMES UTILISÉS EN AGRICULTURE. L'UNE DES TECHNOLOGIES LES PLUS PROMETTEUSES DANS CE DOMAINE EST L'ÉDITION GÉNOMIQUE, COMME CRISPR-CAS9, QUI PERMET DES MODIFICATIONS PRÉCISES ET CIBLÉES DU GÉNOME DES ORGANISMES. CETTE TECHNIQUE PEUT ÊTRE UTILISÉE POUR DÉVELOPPER DES CULTURES AVEC DES CARACTÉRISTIQUES SOUHAITÉES, TELLES QUE LA RÉSISTANCE AUX MALADIES, LA TOLÉRANCE AUX STRESS ENVIRONNEMENTAUX, OU UNE MEILLEURE QUALITÉ NUTRITIONNELLE. CONTRAIREMENT AUX ORGANISMES GÉNÉTIQUEMENT MODIFIÉS (OGM), L'ÉDITION GÉNOMIQUE NE NÉCESSITE PAS NÉCESSAIREMENT L'INSERTION DE GÈNES ÉTRANGERS, CE QUI PEUT ACCÉLÉRER LE PROCESSUS DE DÉVELOPPEMENT DE NOUVELLES VARIÉTÉS ET POTENTIELLEMENT RÉDUIRE LES PRÉOCCUPATIONS RÉGLEMENTAIRES ET PUBLIQUES. LA BIOTECHNOLOGIE AGRICOLE OFFRE D'IMMENSES POSSIBILITÉS POUR AMÉLIORER LA PRODUCTIVITÉ AGRICOLE ET LA DURABILITÉ, TOUT EN FAISANT FACE AUX DÉFIS POSÉS PAR LA CROISSANCE DÉMOGRAPHIQUE ET LE CHANGEMENT CLIMATIQUE.

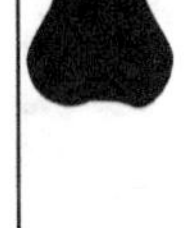

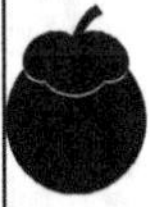
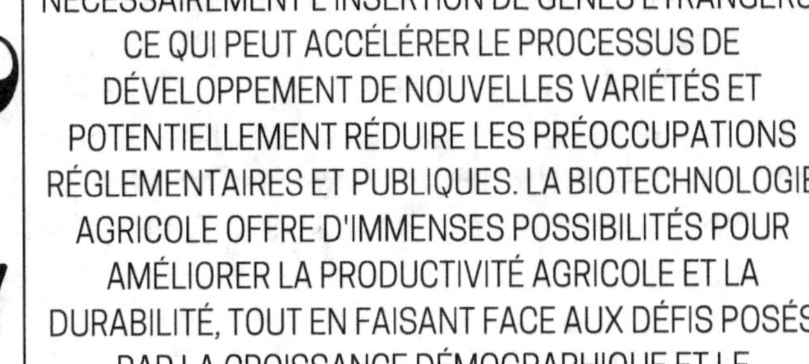

AGROFORESTERIE

L'AGROFORESTERIE EST UNE PRATIQUE INTÉGRATIVE QUI COMBINE L'AGRICULTURE ET LA FORESTERIE POUR OPTIMISER LES BÉNÉFICES ENVIRONNEMENTAUX, SOCIAUX ET ÉCONOMIQUES. CETTE APPROCHE IMPLIQUE LA PLANTATION D'ARBRES ET D'ARBUSTES PARMI LES CULTURES ET LE BÉTAIL, CRÉANT UN SYSTÈME OÙ CHAQUE COMPOSANT INTERAGIT BÉNÉFIQUEMENT AVEC LES AUTRES. L'AGROFORESTERIE PEUT AMÉLIORER LA BIODIVERSITÉ, CONTRÔLER L'ÉROSION, AMÉLIORER LA SANTÉ DES SOLS ET AUGMENTER LA SÉQUESTRATION DU CARBONE. ELLE OFFRE ÉGALEMENT DES AVANTAGES ÉCONOMIQUES, COMME DES SOURCES DE REVENUS DIVERSIFIÉES (PAR LA VENTE DE FRUITS, DE NOIX, DE BOIS, ETC.) ET UNE RÉSILIENCE ACCRUE FACE AUX FLUCTUATIONS DU MARCHÉ ET AUX CONDITIONS CLIMATIQUES. EN INTÉGRANT LES ARBRES DANS LES SYSTÈMES AGRICOLES, L'AGROFORESTERIE SOUTIENT UN MODÈLE DE PRODUCTION DURABLE, CONTRIBUANT À UN ÉQUILIBRE ENTRE LES BESOINS AGRICOLES ET LA CONSERVATION DES ÉCOSYSTÈMES NATURELS.

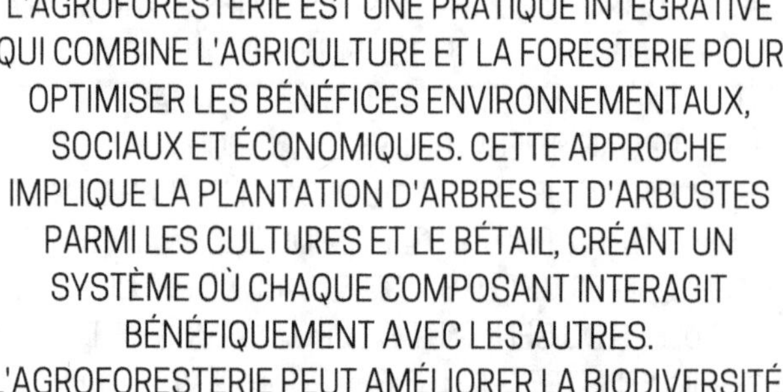

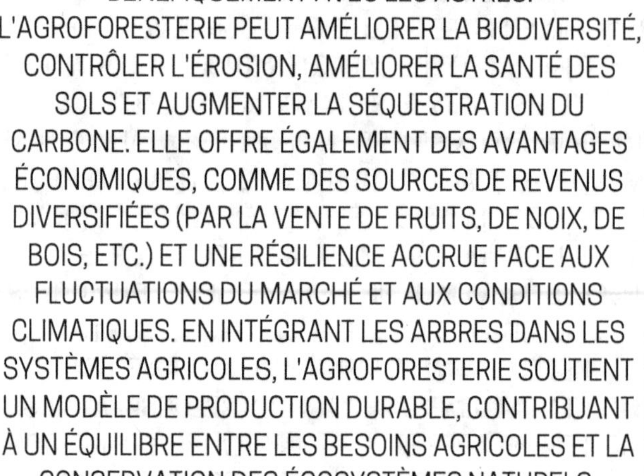

CULTURES ÉNERGÉTIQUES

LES CULTURES ÉNERGÉTIQUES SONT DES PLANTES SPÉCIALEMENT CULTIVÉES POUR LA PRODUCTION DE BIOCARBURANTS, QUI SONT DES ALTERNATIVES RENOUVELABLES AUX CARBURANTS FOSSILES. PARMI LES CULTURES ÉNERGÉTIQUES LES PLUS COURANTES FIGURENT LE MAÏS, UTILISÉ POUR LA PRODUCTION D'ÉTHANOL, ET LE COLZA OU LE SOJA, UTILISÉS POUR LE BIODIESEL. D'AUTRES PLANTES COMME LA CANNE À SUCRE, LE SORGHO SUCRIER, ET CERTAINES ESPÈCES D'ALGUES SONT ÉGALEMENT EXPLOITÉES POUR LA PRODUCTION DE BIOCARBURANTS. CES CULTURES OFFRENT LE POTENTIEL DE RÉDUIRE LA DÉPENDANCE AUX COMBUSTIBLES FOSSILES, DIMINUANT AINSI LES ÉMISSIONS DE GAZ À EFFET DE SERRE. CEPENDANT, LEUR CULTURE SOULÈVE DES PRÉOCCUPATIONS ENVIRONNEMENTALES ET ÉTHIQUES, NOTAMMENT EN CE QUI CONCERNE L'UTILISATION DES TERRES, L'IMPACT SUR LES PRIX DES ALIMENTS ET L'UTILISATION DE L'EAU. UN ÉQUILIBRE DOIT ÊTRE TROUVÉ POUR DÉVELOPPER LES BIOCARBURANTS DE MANIÈRE DURABLE, SANS COMPROMETTRE LA SÉCURITÉ ALIMENTAIRE ET LES ÉCOSYSTÈMES.

AGRICULTURE VERTICALE

L'AGRICULTURE VERTICALE EST UNE FORME INNOVANTE D'AGRICULTURE URBAINE OÙ LES CULTURES SONT CULTIVÉES DANS DES COUCHES SUPERPOSÉES, SOUVENT DANS DES STRUCTURES CONTRÔLÉES COMME DES BÂTIMENTS OU DES CONTENEURS SPÉCIALEMENT CONÇUS. CETTE MÉTHODE UTILISE EFFICACEMENT L'ESPACE URBAIN LIMITÉ ET PEUT ÊTRE PRATIQUÉE INDÉPENDAMMENT DES CONDITIONS CLIMATIQUES EXTÉRIEURES. ELLE EMPLOIE SOUVENT DES TECHNOLOGIES TELLES QUE L'HYDROPONIE (CULTURE SANS SOL) ET L'ÉCLAIRAGE ARTIFICIEL POUR OPTIMISER LA CROISSANCE DES PLANTES. L'AGRICULTURE VERTICALE RÉDUIT LE BESOIN DE SURFACES AGRICOLES ÉTENDUES, DIMINUE LES COÛTS DE TRANSPORT DES ALIMENTS, ET PEUT CONTRIBUER À LA RÉDUCTION DES ÉMISSIONS DE GAZ À EFFET DE SERRE EN RAPPROCHANT LA PRODUCTION ALIMENTAIRE DES CONSOMMATEURS. DE PLUS, ELLE OFFRE LA POSSIBILITÉ DE PRODUIRE DES ALIMENTS FRAIS ET SAINS DANS DES ENVIRONNEMENTS URBAINS, JOUANT UN RÔLE CRUCIAL DANS LA SÉCURITÉ ALIMENTAIRE URBAINE ET LA DURABILITÉ.

MARCHÉS LOCAUX

LES MARCHÉS AGRICOLES LOCAUX JOUENT UN RÔLE ESSENTIEL DANS LE SOUTIEN DES PETITS AGRICULTEURS ET LA VITALISATION DES ÉCONOMIES LOCALES. CES MARCHÉS OFFRENT AUX AGRICULTEURS UNE PLATEFORME DIRECTE POUR VENDRE LEURS PRODUITS FRAIS À LA COMMUNAUTÉ, ÉLIMINANT LES INTERMÉDIAIRES ET AMÉLIORANT POTENTIELLEMENT LEURS MARGES DE PROFIT. ILS PERMETTENT ÉGALEMENT AUX CONSOMMATEURS D'ACCÉDER À DES PRODUITS FRAIS, SAISONNIERS ET SOUVENT BIOLOGIQUES, TOUT EN SOUTENANT L'ÉCONOMIE LOCALE. EN FAVORISANT LES CIRCUITS COURTS, LES MARCHÉS LOCAUX RÉDUISENT L'EMPREINTE CARBONE LIÉE AU TRANSPORT DES ALIMENTS ET RENFORCENT LA RÉSILIENCE DES COMMUNAUTÉS FACE AUX PERTURBATIONS DES CHAÎNES D'APPROVISIONNEMENT GLOBALES. DE PLUS, ILS ENCOURAGENT LES RELATIONS DIRECTES ENTRE PRODUCTEURS ET CONSOMMATEURS, RENFORÇANT AINSI LA CONFIANCE ET LA COMPRÉHENSION DES PRATIQUES AGRICOLES DURABLES.

PASTORALISME NOMADE

LE PASTORALISME EST UNE FORME D'ÉLEVAGE OÙ LE BÉTAIL EST DÉPLACÉ À TRAVERS DE GRANDS ESPACES POUR ACCÉDER AUX PÂTURAGES NATURELS. CETTE PRATIQUE ANCESTRALE EST ADAPTÉE À DES ENVIRONNEMENTS TELS QUE LES STEPPES, LES SAVANES, LES TOUNDRAS ET LES HAUTES MONTAGNES, OÙ LA CULTURE DE PLANTES EST DIFFICILE OU IMPOSSIBLE. LE PASTORALISME SOUTIENT LA BIODIVERSITÉ ET L'UTILISATION DURABLE DES ZONES MARGINALES, CONTRIBUANT À LA CONSERVATION DES ÉCOSYSTÈMES DE PÂTURAGE. IL JOUE ÉGALEMENT UN RÔLE IMPORTANT DANS LES ÉCONOMIES DE NOMBREUSES COMMUNAUTÉS TRADITIONNELLES, FOURNISSANT DE LA VIANDE, DU LAIT ET D'AUTRES PRODUITS. NÉANMOINS, CETTE PRATIQUE FAIT FACE À DES DÉFIS TELS QUE LES CHANGEMENTS DANS L'UTILISATION DES TERRES, LA PRESSION DÉMOGRAPHIQUE ET LES IMPACTS DU CHANGEMENT CLIMATIQUE. LA PRÉSERVATION DU PASTORALISME NÉCESSITE DES POLITIQUES QUI RECONNAISSENT SA VALEUR ÉCOLOGIQUE ET CULTURELLE ET QUI SOUTIENNENT LES DROITS ET LES MODES DE VIE DES PASTEURS.

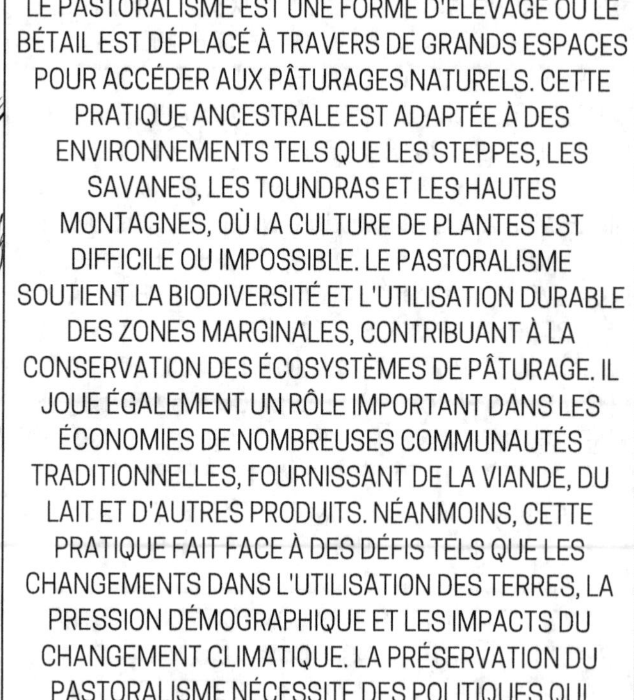
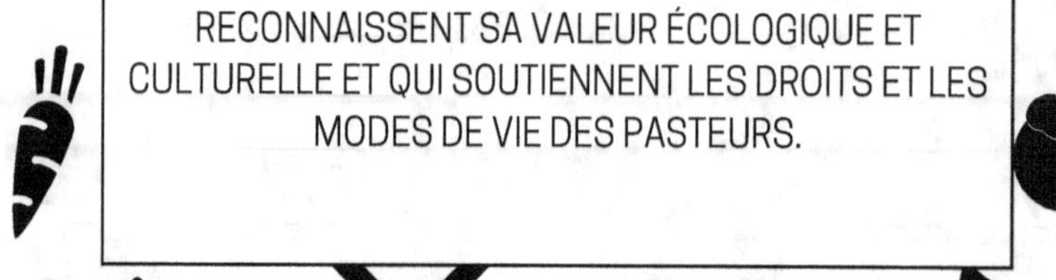

GESTION PARASITAIRE

LA LUTTE INTÉGRÉE CONTRE LES RAVAGEURS (LIP) EST UNE APPROCHE ÉCOLOGIQUE DE GESTION DES PARASITES EN AGRICULTURE. ELLE COMBINE DIFFÉRENTES MÉTHODES ET PRATIQUES POUR GÉRER LES POPULATIONS DE NUISIBLES DE MANIÈRE EFFICACE ET DURABLE, MINIMISANT L'UTILISATION DE PESTICIDES CHIMIQUES. LA LIP INCLUT DES PRATIQUES TELLES QUE LA ROTATION DES CULTURES, L'UTILISATION DE CULTURES RÉSISTANTES AUX PARASITES, LA CONSERVATION OU L'INTRODUCTION DE PRÉDATEURS NATURELS ET D'AGENTS DE LUTTE BIOLOGIQUE, ET LE CONTRÔLE MÉCANIQUE DES PARASITES. L'OBJECTIF EST DE MAINTENIR LES POPULATIONS DE RAVAGEURS À UN NIVEAU QUI N'EST PAS NUISIBLE AUX CULTURES, TOUT EN PRÉSERVANT L'ENVIRONNEMENT ET LA SANTÉ HUMAINE. LA LIP NÉCESSITE UNE COMPRÉHENSION APPROFONDIE DES ÉCOSYSTÈMES AGRICOLES ET DES CYCLES DE VIE DES PARASITES, ET ELLE EST SOUVENT MISE EN ŒUVRE DANS LE CADRE DE SYSTÈMES DE PRODUCTION AGRICOLE DURABLE.

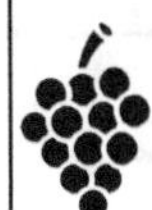

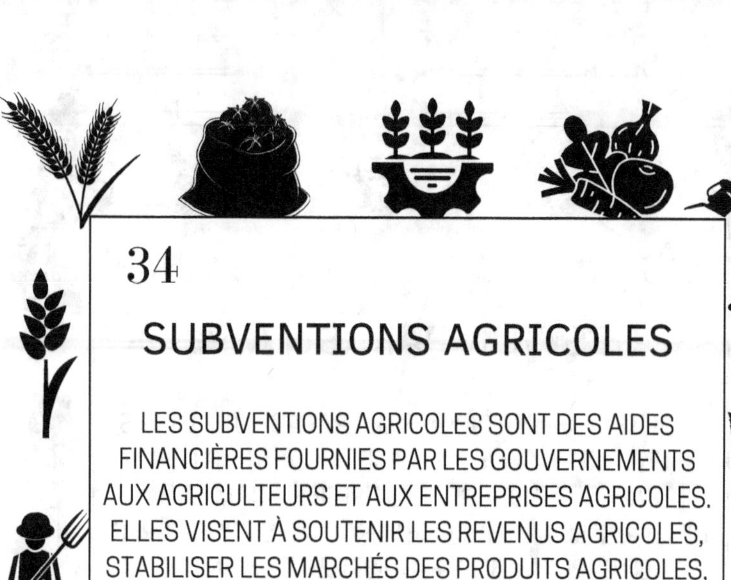

SUBVENTIONS AGRICOLES

LES SUBVENTIONS AGRICOLES SONT DES AIDES FINANCIÈRES FOURNIES PAR LES GOUVERNEMENTS AUX AGRICULTEURS ET AUX ENTREPRISES AGRICOLES. ELLES VISENT À SOUTENIR LES REVENUS AGRICOLES, STABILISER LES MARCHÉS DES PRODUITS AGRICOLES, ET ENCOURAGER UNE PRODUCTION SUFFISANTE POUR RÉPONDRE AUX BESOINS ALIMENTAIRES NATIONAUX. CEPENDANT, LES SUBVENTIONS PEUVENT AVOIR DES EFFETS IMPORTANTS SUR LA PRODUCTION ET LE COMMERCE MONDIAL. DANS CERTAINS CAS, ELLES PEUVENT FAUSSER LA CONCURRENCE, FAVORISANT LES PRODUCTEURS SUBVENTIONNÉS AU DÉTRIMENT DES AGRICULTEURS NON SUBVENTIONNÉS, SOUVENT DANS LES PAYS EN DÉVELOPPEMENT. LES SUBVENTIONS PEUVENT ÉGALEMENT ENCOURAGER UNE PRODUCTION EXCESSIVE, MENANT À UNE UTILISATION INEFFICACE DES RESSOURCES ET À DES IMPACTS ENVIRONNEMENTAUX NÉGATIFS. UNE GESTION ÉQUILIBRÉE DES POLITIQUES DE SUBVENTIONS EST NÉCESSAIRE POUR SOUTENIR LES AGRICULTEURS SANS PERTURBER LES MARCHÉS MONDIAUX NI NUIRE À L'ENVIRONNEMENT.

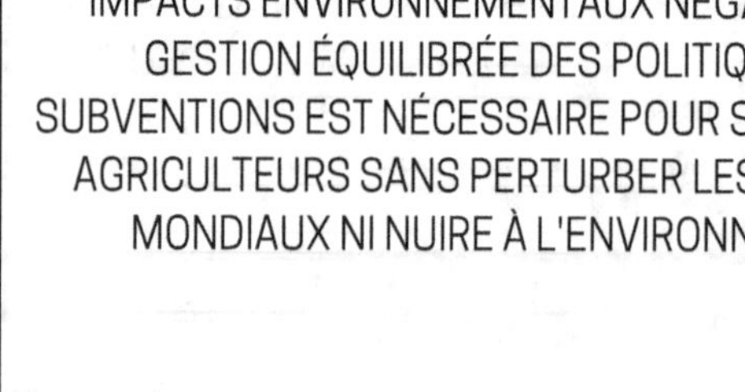

ZONES HUMIDES

LES ZONES HUMIDES AGRICOLES, TELLES QUE LES RIZIÈRES, LES MARAIS SALANTS ET LES SYSTÈMES D'IRRIGATION TRADITIONNELS, JOUENT UN RÔLE CRUCIAL DANS LA BIODIVERSITÉ ET LA RÉGULATION DE L'EAU. CES ÉCOSYSTÈMES OFFRENT DES HABITATS POUR UNE GRANDE VARIÉTÉ D'ESPÈCES DE FAUNE ET DE FLORE, CONTRIBUANT À LA DIVERSITÉ BIOLOGIQUE. LES ZONES HUMIDES AGRICOLES SONT ÉGALEMENT ESSENTIELLES POUR LA GESTION DE L'EAU, AGISSANT COMME DES SYSTÈMES DE FILTRATION NATURELS ET AIDANT À LA RECHARGE DES NAPPES PHRÉATIQUES. ELLES SERVENT DE TAMPONS CONTRE LES INONDATIONS ET CONTRIBUENT À LA RÉGULATION DU CLIMAT LOCAL. CEPENDANT, CES ZONES SONT SOUVENT SOUS PRESSION EN RAISON DE L'EXPANSION AGRICOLE, DE L'URBANISATION ET DES CHANGEMENTS CLIMATIQUES. LA PRÉSERVATION ET LA GESTION DURABLE DES ZONES HUMIDES AGRICOLES SONT VITALES POUR MAINTENIR LEURS FONCTIONS ÉCOLOGIQUES ET LEUR VALEUR POUR LA BIODIVERSITÉ.

DÉFORESTATION AGRICOLE

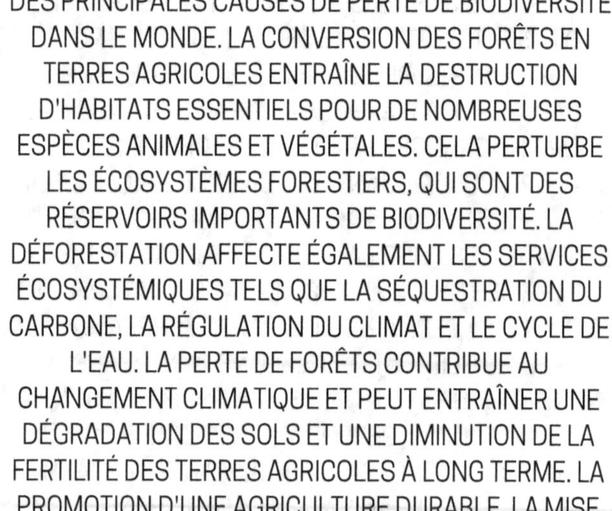

LA DÉFORESTATION POUR L'AGRICULTURE EST L'UNE DES PRINCIPALES CAUSES DE PERTE DE BIODIVERSITÉ DANS LE MONDE. LA CONVERSION DES FORÊTS EN TERRES AGRICOLES ENTRAÎNE LA DESTRUCTION D'HABITATS ESSENTIELS POUR DE NOMBREUSES ESPÈCES ANIMALES ET VÉGÉTALES. CELA PERTURBE LES ÉCOSYSTÈMES FORESTIERS, QUI SONT DES RÉSERVOIRS IMPORTANTS DE BIODIVERSITÉ. LA DÉFORESTATION AFFECTE ÉGALEMENT LES SERVICES ÉCOSYSTÉMIQUES TELS QUE LA SÉQUESTRATION DU CARBONE, LA RÉGULATION DU CLIMAT ET LE CYCLE DE L'EAU. LA PERTE DE FORÊTS CONTRIBUE AU CHANGEMENT CLIMATIQUE ET PEUT ENTRAÎNER UNE DÉGRADATION DES SOLS ET UNE DIMINUTION DE LA FERTILITÉ DES TERRES AGRICOLES À LONG TERME. LA PROMOTION D'UNE AGRICULTURE DURABLE, LA MISE EN ŒUVRE DE PRATIQUES TELLES QUE L'AGROFORESTERIE ET LA CONSERVATION DES FORÊTS, SONT ESSENTIELLES POUR RÉDUIRE L'IMPACT DE L'AGRICULTURE SUR LES FORÊTS ET MAINTENIR LA BIODIVERSITÉ.

CONSERVATION SEMENCES

LA CONSERVATION DES SEMENCES EST ESSENTIELLE POUR MAINTENIR LA DIVERSITÉ GÉNÉTIQUE DES PLANTES CULTIVÉES, CE QUI EST CRUCIAL POUR LA SÉCURITÉ ALIMENTAIRE ET L'ADAPTATION AUX CHANGEMENTS ENVIRONNEMENTAUX. CETTE PRATIQUE IMPLIQUE LA COLLECTE, LE STOCKAGE ET LA PRÉSERVATION DES SEMENCES DE DIFFÉRENTES VARIÉTÉS DE PLANTES, NOTAMMENT DES VARIÉTÉS ANCIENNES ET DES ESPÈCES MENACÉES. LA DIVERSITÉ GÉNÉTIQUE DES SEMENCES PERMET AUX PLANTES DE MIEUX RÉSISTER AUX MALADIES, AUX PARASITES ET AUX STRESS ENVIRONNEMENTAUX TELS QUE LA SÉCHERESSE OU LES TEMPÉRATURES EXTRÊMES. LES BANQUES DE SEMENCES, LES JARDINS COMMUNAUTAIRES DE CONSERVATION DES SEMENCES ET LES PROGRAMMES DE CONSERVATION IN SITU (SUR PLACE) JOUENT UN RÔLE CRUCIAL DANS CETTE PRÉSERVATION. EN CONSERVANT UNE LARGE GAMME DE VARIÉTÉS GÉNÉTIQUES, LA CONSERVATION DES SEMENCES ASSURE QUE LES GÉNÉRATIONS FUTURES DISPOSENT DES RESSOURCES NÉCESSAIRES POUR FAIRE FACE AUX DÉFIS AGRICOLES FUTURS.

CULTURE TERRASSES

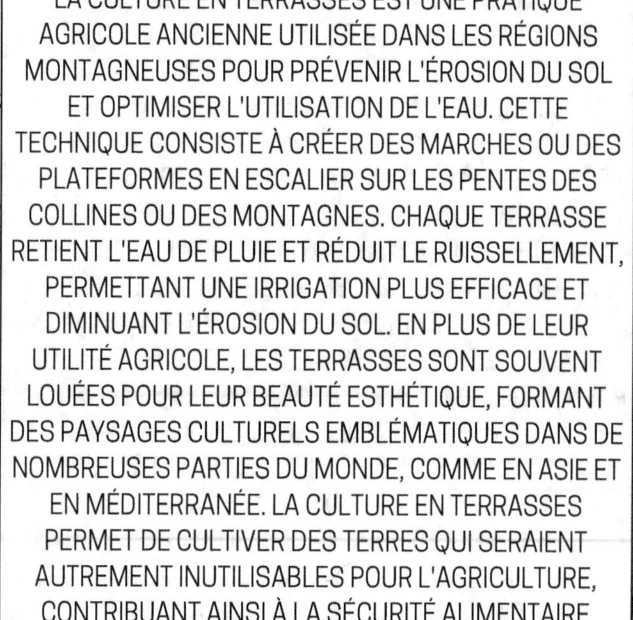

LA CULTURE EN TERRASSES EST UNE PRATIQUE AGRICOLE ANCIENNE UTILISÉE DANS LES RÉGIONS MONTAGNEUSES POUR PRÉVENIR L'ÉROSION DU SOL ET OPTIMISER L'UTILISATION DE L'EAU. CETTE TECHNIQUE CONSISTE À CRÉER DES MARCHES OU DES PLATEFORMES EN ESCALIER SUR LES PENTES DES COLLINES OU DES MONTAGNES. CHAQUE TERRASSE RETIENT L'EAU DE PLUIE ET RÉDUIT LE RUISSELLEMENT, PERMETTANT UNE IRRIGATION PLUS EFFICACE ET DIMINUANT L'ÉROSION DU SOL. EN PLUS DE LEUR UTILITÉ AGRICOLE, LES TERRASSES SONT SOUVENT LOUÉES POUR LEUR BEAUTÉ ESTHÉTIQUE, FORMANT DES PAYSAGES CULTURELS EMBLÉMATIQUES DANS DE NOMBREUSES PARTIES DU MONDE, COMME EN ASIE ET EN MÉDITERRANÉE. LA CULTURE EN TERRASSES PERMET DE CULTIVER DES TERRES QUI SERAIENT AUTREMENT INUTILISABLES POUR L'AGRICULTURE, CONTRIBUANT AINSI À LA SÉCURITÉ ALIMENTAIRE DANS LES RÉGIONS MONTAGNEUSES.

CERTIFICATION BIO

LES SYSTÈMES DE CERTIFICATION BIOLOGIQUE SONT DES PROCESSUS PAR LESQUELS LES PRODUITS AGRICOLES SONT VÉRIFIÉS POUR GARANTIR QU'ILS SONT CULTIVÉS SELON CERTAINES NORMES DE L'AGRICULTURE BIOLOGIQUE. CES NORMES INTERDISENT GÉNÉRALEMENT L'UTILISATION DE PESTICIDES, D'HERBICIDES ET D'ENGRAIS CHIMIQUES SYNTHÉTIQUES, ET ENCOURAGENT DES PRATIQUES TELLES QUE LA ROTATION DES CULTURES, LE COMPOSTAGE ET L'UTILISATION DE PRODUITS BIOLOGIQUES POUR LA GESTION DES NUISIBLES. LA CERTIFICATION BIOLOGIQUE VISE À ASSURER AUX CONSOMMATEURS QUE LES PRODUITS QU'ILS ACHÈTENT SONT CULTIVÉS DE MANIÈRE DURABLE ET SANS PRODUITS CHIMIQUES NOCIFS. ELLE CONTRIBUE ÉGALEMENT À PROTÉGER L'ENVIRONNEMENT EN RÉDUISANT LA POLLUTION ET EN PRÉSERVANT LA BIODIVERSITÉ. LES SYSTÈMES DE CERTIFICATION BIOLOGIQUE VARIENT SELON LES PAYS ET LES RÉGIONS, MAIS TOUS VISENT À PROMOUVOIR ET À MAINTENIR DES NORMES ÉLEVÉES DE PRODUCTION AGRICOLE RESPECTUEUSE DE L'ENVIRONNEMENT.

AGRICULTURE CONTRACTUELLE

L'AGRICULTURE CONTRACTUELLE EST UN SYSTÈME OÙ LES AGRICULTEURS CONCLUENT DES ACCORDS CONTRACTUELS AVEC DES ACHETEURS, TELS QUE DES TRANSFORMATEURS DE PRODUITS ALIMENTAIRES, DES DÉTAILLANTS OU DES DISTRIBUTEURS. CES CONTRATS SPÉCIFIENT SOUVENT LES QUANTITÉS, LES PRIX ET LES NORMES DE QUALITÉ DES PRODUITS AGRICOLES. L'AGRICULTURE CONTRACTUELLE OFFRE PLUSIEURS AVANTAGES. POUR LES AGRICULTEURS, ELLE GARANTIT UN MARCHÉ POUR LEURS PRODUITS, RÉDUISANT AINSI LE RISQUE DE FLUCTUATION DES PRIX. POUR LES ACHETEURS, ELLE ASSURE UN APPROVISIONNEMENT RÉGULIER EN PRODUITS DE QUALITÉ. CELA PEUT ÉGALEMENT ENCOURAGER LES AGRICULTEURS À ADOPTER DE NOUVELLES TECHNOLOGIES ET PRATIQUES AGRICOLES, CAR LES ACHETEURS PEUVENT FOURNIR UNE ASSISTANCE TECHNIQUE OU DES INTRANTS. CEPENDANT, IL EST ESSENTIEL QUE CES CONTRATS SOIENT ÉQUITABLES ET NE DÉSAVANTAGENT PAS LES PETITS EXPLOITANTS AGRICOLES.

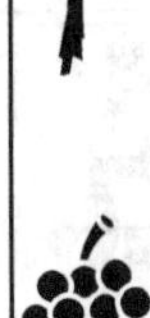

41

SÉCURITÉ ALIMENTAIRE

LA SÉCURITÉ SANITAIRE DES ALIMENTS EST CRUCIALE POUR PRÉVENIR LES MALADIES D'ORIGINE ALIMENTAIRE, QUI PEUVENT ÊTRE CAUSÉES PAR DES BACTÉRIES, DES VIRUS, DES PARASITES OU DES SUBSTANCES CHIMIQUES. LES PRATIQUES DE SÉCURITÉ ALIMENTAIRE COMPRENNENT LA SURVEILLANCE ET LE CONTRÔLE DE LA CONTAMINATION TOUT AU LONG DE LA CHAÎNE ALIMENTAIRE, DEPUIS LA PRODUCTION AGRICOLE JUSQU'À LA TRANSFORMATION, LA DISTRIBUTION ET LA CONSOMMATION. CELA INCLUT LA RÉGLEMENTATION DES PESTICIDES, L'HYGIÈNE DANS LE TRAITEMENT DES ALIMENTS, ET L'ASSURANCE DE L'EAU ET DE L'AIR PROPRES DANS LES ENVIRONNEMENTS AGRICOLES. LA TRAÇABILITÉ, C'EST-À-DIRE LA CAPACITÉ DE SUIVRE UN ALIMENT TOUT AU LONG DE LA CHAÎNE D'APPROVISIONNEMENT, EST ÉGALEMENT ESSENTIELLE POUR INTERVENIR RAPIDEMENT EN CAS DE CONTAMINATION. LES NORMES DE SÉCURITÉ SANITAIRE DES ALIMENTS AIDENT À PROTÉGER LA SANTÉ PUBLIQUE ET À MAINTENIR LA CONFIANCE DES CONSOMMATEURS DANS LE SYSTÈME ALIMENTAIRE.

ÉLEVAGE LAITIER

L'ÉLEVAGE LAITIER EST UNE INDUSTRIE MAJEURE DANS DE NOMBREUX PAYS, FOURNISSANT UN ÉLÉMENT ESSENTIEL DE L'ALIMENTATION MONDIALE : LE LAIT ET SES PRODUITS DÉRIVÉS, COMME LE FROMAGE, LE YAOURT ET LE BEURRE. CETTE INDUSTRIE VARIE DE PETITES EXPLOITATIONS FAMILIALES À DE GRANDES ENTREPRISES AGRICOLES. L'ÉLEVAGE LAITIER NÉCESSITE DES INVESTISSEMENTS IMPORTANTS EN MATIÈRE DE SOINS AUX ANIMAUX, D'ALIMENTATION ET DE GESTION DE LA SANTÉ, AINSI QUE DE TECHNOLOGIE POUR LA TRAITE ET LA CONSERVATION DU LAIT. LA DEMANDE CROISSANTE DE PRODUITS LAITIERS, EN PARTICULIER DANS LES PAYS EN DÉVELOPPEMENT, STIMULE L'EXPANSION DE CETTE INDUSTRIE. CEPENDANT, L'ÉLEVAGE LAITIER FAIT FACE À DES DÉFIS, NOTAMMENT EN MATIÈRE DE DURABILITÉ ENVIRONNEMENTALE, DE BIEN-ÊTRE ANIMAL ET D'IMPACT SUR LE CHANGEMENT CLIMATIQUE EN RAISON DES ÉMISSIONS DE GAZ À EFFET DE SERRE. L'INNOVATION ET LES PRATIQUES DURABLES SONT DONC CRUCIALES POUR ASSURER L'AVENIR DE L'INDUSTRIE LAITIÈRE.

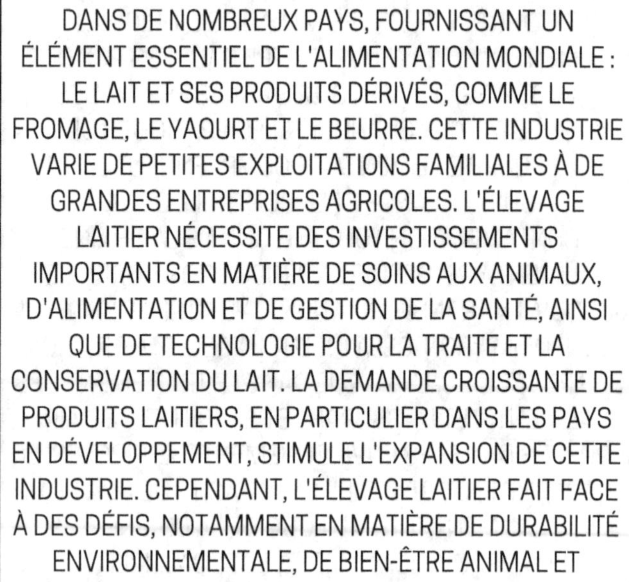
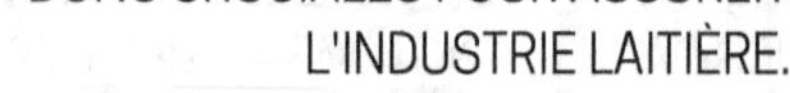

43

PÊCHERIES DURABLES

LA GESTION DURABLE DES PÊCHERIES EST ESSENTIELLE POUR PRÉSERVER LA SANTÉ DES ÉCOSYSTÈMES OCÉANIQUES ET ASSURER L'AVENIR DE L'INDUSTRIE DE LA PÊCHE. UNE PÊCHE DURABLE IMPLIQUE LA CAPTURE DE POISSONS À UN RYTHME QUI PERMET DE MAINTENIR LES POPULATIONS DE POISSONS À UN NIVEAU ÉCOLOGIQUEMENT VIABLE, ÉVITANT AINSI LA SURPÊCHE. CELA NÉCESSITE UNE COMPRÉHENSION APPROFONDIE DES DYNAMIQUES DES POPULATIONS DE POISSONS, DES ÉCOSYSTÈMES MARINS ET DES IMPACTS DE LA PÊCHE. LES MESURES DE GESTION PEUVENT INCLURE LA FIXATION DE QUOTAS DE CAPTURE, LA PROTECTION DES HABITATS ESSENTIELS À LA REPRODUCTION DES POISSONS, ET LA RÉGLEMENTATION DES TECHNIQUES DE PÊCHE POUR MINIMISER LES PRISES ACCIDENTELLES D'ESPÈCES NON CIBLÉES. UNE GESTION EFFICACE DES PÊCHERIES EST ESSENTIELLE NON SEULEMENT POUR LA SANTÉ DES OCÉANS, MAIS AUSSI POUR LES MILLIONS DE PERSONNES QUI DÉPENDENT DE LA PÊCHE POUR LEUR SUBSISTANCE ET LEUR ALIMENTATION.

44

CULTURES ARIDES

DANS LES RÉGIONS ARIDES, LES CULTURES RÉSISTANTES À LA SÉCHERESSE SONT CRUCIALES POUR ASSURER LA SÉCURITÉ ALIMENTAIRE. CES CULTURES SONT SPÉCIALEMENT ADAPTÉES POUR SURVIVRE DANS DES CONDITIONS DE FAIBLE HUMIDITÉ, EN UTILISANT EFFICACEMENT L'EAU DISPONIBLE ET EN RÉSISTANT AUX PÉRIODES DE STRESS HYDRIQUE. LES TECHNIQUES DE SÉLECTION TRADITIONNELLE ET LA BIOTECHNOLOGIE MODERNE ONT CONTRIBUÉ AU DÉVELOPPEMENT DE VARIÉTÉS DE CULTURES RÉSISTANTES À LA SÉCHERESSE, Y COMPRIS LE MAÏS, LE SORGHO, LE MILLET ET CERTAINES LÉGUMINEUSES. CES CULTURES PERMETTENT AUX AGRICULTEURS DE MAINTENIR LA PRODUCTION MÊME DANS DES CONDITIONS CLIMATIQUES DÉFAVORABLES. LA CULTURE DE PLANTES RÉSISTANTES À LA SÉCHERESSE EST UNE STRATÉGIE CLÉ POUR L'ADAPTATION AU CHANGEMENT CLIMATIQUE, EN PARTICULIER DANS LES ZONES VULNÉRABLES À L'INSÉCURITÉ ALIMENTAIRE.

COMMERCE AGRICOLE

LE COMMERCE INTERNATIONAL DES PRODUITS AGRICOLES JOUE UN RÔLE MAJEUR DANS LES ÉCONOMIES MONDIALES. IL PERMET AUX PAYS DE SE PROCURER DES ALIMENTS QUI NE PEUVENT PAS ÊTRE PRODUITS LOCALEMENT EN RAISON DE CONTRAINTES CLIMATIQUES OU GÉOGRAPHIQUES ET OFFRE AUX PRODUCTEURS L'ACCÈS À DES MARCHÉS PLUS VASTES. CEPENDANT, LE COMMERCE AGRICOLE EST SOUVENT INFLUENCÉ PAR DES POLITIQUES GOUVERNEMENTALES, TELLES QUE DES SUBVENTIONS À L'EXPORTATION ET DES BARRIÈRES TARIFAIRES, QUI PEUVENT FAUSSER LE MARCHÉ. DE PLUS, LES MARCHÉS AGRICOLES MONDIAUX SONT SUSCEPTIBLES DE FLUCTUATIONS DUES À DES FACTEURS TELS QUE LES CONDITIONS MÉTÉOROLOGIQUES, LES CHANGEMENTS POLITIQUES ET LES CRISES ÉCONOMIQUES. LES ACCORDS COMMERCIAUX ET LES ORGANISATIONS INTERNATIONALES JOUENT UN RÔLE CRUCIAL DANS LA RÉGULATION ET LA FACILITATION DU COMMERCE AGRICOLE, CHERCHANT À ÉTABLIR UN ÉQUILIBRE ENTRE LES INTÉRÊTS DES DIFFÉRENTS PAYS ET LE SOUTIEN AUX AGRICULTEURS LOCAUX.

ÉLEVAGE EXTENSIF

L'ÉLEVAGE EXTENSIF EST UN SYSTÈME D'ÉLEVAGE DE BÉTAIL OÙ LES ANIMAUX SONT ÉLEVÉS EN PLEIN AIR, SOUVENT DANS DE GRANDS ESPACES TELS QUE DES PÂTURAGES OU DES PRAIRIES. CE TYPE D'ÉLEVAGE SE CARACTÉRISE PAR UNE FAIBLE DENSITÉ ANIMALE PAR RAPPORT À LA SUPERFICIE DE TERRES UTILISÉE, PERMETTANT AUX ANIMAUX DE SE NOURRIR PRINCIPALEMENT DE L'HERBE NATURELLE. L'ÉLEVAGE EXTENSIF EST GÉNÉRALEMENT CONSIDÉRÉ COMME AYANT UN IMPACT ENVIRONNEMENTAL MOINS IMPORTANT QUE L'ÉLEVAGE INTENSIF. IL CONTRIBUE MOINS À LA POLLUTION DE L'EAU ET DU SOL, CAR LES DÉJECTIONS DES ANIMAUX SONT DISPERSÉES SUR DE GRANDES SURFACES, RÉDUISANT LA CONCENTRATION DE NITRATES ET DE PHOSPHATES. DE PLUS, IL FAVORISE LA BIODIVERSITÉ ET LA CONSERVATION DES ÉCOSYSTÈMES DE PRAIRIES. CEPENDANT, IL REQUIERT DE VASTES ÉTENDUES DE TERRES ET PEUT PARFOIS CONDUIRE À LA SURPÂTURAGE, CE QUI NÉCESSITE UNE GESTION ATTENTIVE POUR MAINTENIR LA DURABILITÉ ÉCOLOGIQUE ET ÉCONOMIQUE.

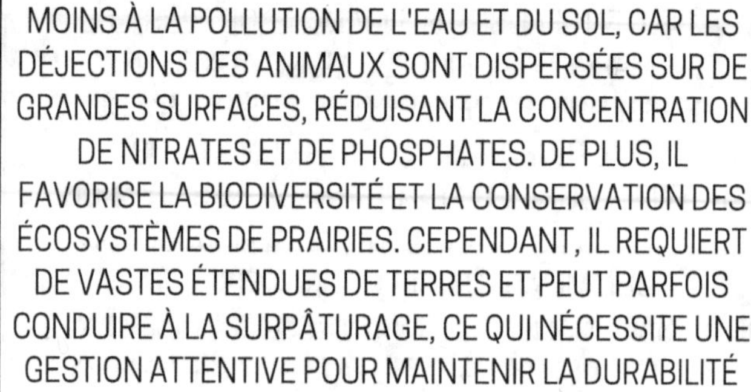

FERMENTATION ALIMENTAIRE

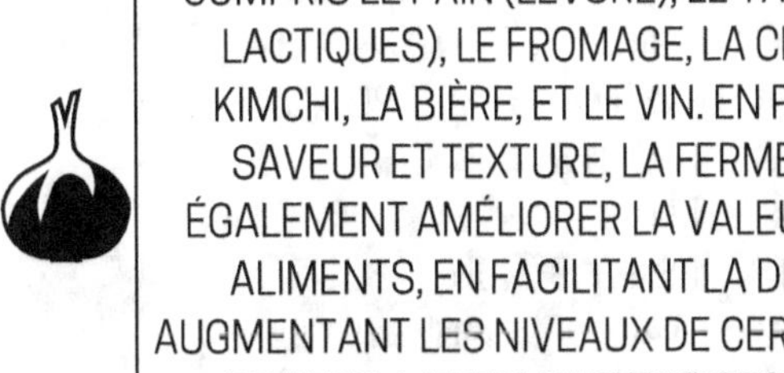

LA FERMENTATION EST UN PROCESSUS BIOLOGIQUE UTILISÉ DANS LA PRODUCTION DE NOMBREUX ALIMENTS ET BOISSONS. ELLE IMPLIQUE LA CONVERSION DES SUCRES EN ACIDES, GAZ OU ALCOOL PAR DES MICRO-ORGANISMES TELS QUE LES BACTÉRIES, LES LEVURES ET LES MOISISSURES. LA FERMENTATION EST UTILISÉE POUR PRODUIRE UNE GRANDE VARIÉTÉ DE PRODUITS ALIMENTAIRES, Y COMPRIS LE PAIN (LEVURE), LE YAOURT (BACTÉRIES LACTIQUES), LE FROMAGE, LA CHOUCROUTE, LE KIMCHI, LA BIÈRE, ET LE VIN. EN PLUS D'AJOUTER SAVEUR ET TEXTURE, LA FERMENTATION PEUT ÉGALEMENT AMÉLIORER LA VALEUR NUTRITIVE DES ALIMENTS, EN FACILITANT LA DIGESTION ET EN AUGMENTANT LES NIVEAUX DE CERTAINES VITAMINES. DE PLUS, LA FERMENTATION EST UN MOYEN DE CONSERVATION NATUREL, PERMETTANT DE PROLONGER LA DURÉE DE CONSERVATION DES ALIMENTS EN INHIBANT LA CROISSANCE DE MICRO-ORGANISMES PATHOGÈNES.

ÉROSION SOLS

L'ÉROSION DES SOLS EST UN PROBLÈME MAJEUR DANS DE NOMBREUSES RÉGIONS AGRICOLES, ENTRAÎNANT LA PERTE DE SOLS FERTILES ET AFFECTANT LA PRODUCTIVITÉ AGRICOLE. ELLE EST PRINCIPALEMENT CAUSÉE PAR DES PRATIQUES TELLES QUE LE DÉFRICHEMENT EXCESSIF, LE SURPÂTURAGE, ET LES TECHNIQUES AGRICOLES INAPPROPRIÉES, NOTAMMENT LE LABOUR INTENSIF. L'ÉROSION PEUT ÊTRE EXACERBÉE PAR DES FACTEURS NATURELS TELS QUE LES FORTES PLUIES, LES VENTS ET LES INONDATIONS. POUR LUTTER CONTRE L'ÉROSION DES SOLS, DES PRATIQUES DE GESTION DURABLE DES TERRES SONT MISES EN ŒUVRE, TELLES QUE LA CONSERVATION DES SOLS (NON-LABOUR, COUVERTURE VÉGÉTALE PERMANENTE), LA CONSTRUCTION DE TERRASSES EN ZONES MONTAGNEUSES, LA PLANTATION DE HAIES OU DE BANDES BOISÉES, ET LA ROTATION DES CULTURES. CES PRATIQUES AIDENT NON SEULEMENT À PRÉVENIR L'ÉROSION, MAIS CONTRIBUENT ÉGALEMENT À LA CONSERVATION DE L'EAU ET À LA BIODIVERSITÉ.

49

COOPÉRATIVES AGRICOLES

LES COOPÉRATIVES AGRICOLES JOUENT UN RÔLE CRUCIAL EN AIDANT LES PETITS AGRICULTEURS À ACCÉDER AUX MARCHÉS ET AUX RESSOURCES. CES ORGANISATIONS, FORMÉES ET DÉTENUES PAR DES AGRICULTEURS, PERMETTENT À LEURS MEMBRES DE MUTUALISER LEURS RESSOURCES ET LEURS EFFORTS POUR AMÉLIORER LEUR EFFICACITÉ ET LEUR CAPACITÉ DE NÉGOCIATION. LES COOPÉRATIVES PEUVENT OFFRIR DES SERVICES TELS QUE L'ACHAT GROUPÉ DE SEMENCES, D'ENGRAIS ET D'AUTRES INTRANTS À DES PRIX PLUS BAS, L'ACCÈS À DES ÉQUIPEMENTS AGRICOLES, DES FORMATIONS ET DES CONSEILS TECHNIQUES, AINSI QUE DES CANAUX DE COMMERCIALISATION ET DE DISTRIBUTION POUR LEURS PRODUITS. EN TRAVAILLANT ENSEMBLE, LES AGRICULTEURS DES COOPÉRATIVES PEUVENT RÉDUIRE LEURS COÛTS, AMÉLIORER LA QUALITÉ DE LEURS PRODUITS, ET ACCÉDER À DE PLUS GRANDS MARCHÉS, Y COMPRIS LES MARCHÉS D'EXPORTATION, CE QUI AMÉLIORE LEUR VIABILITÉ ÉCONOMIQUE ET LEUR AUTONOMIE.

INNOVATIONS EMBALLAGE

LES INNOVATIONS EN MATIÈRE D'EMBALLAGE ALIMENTAIRE JOUENT UN RÔLE ESSENTIEL DANS LA PROLONGATION DE LA DURÉE DE CONSERVATION DES PRODUITS ET LA RÉDUCTION DU GASPILLAGE ALIMENTAIRE. LES TECHNOLOGIES MODERNES D'EMBALLAGE COMPRENNENT DES EMBALLAGES ATMOSPHÉRIQUES MODIFIÉS, QUI AJUSTENT LA COMPOSITION DE L'AIR À L'INTÉRIEUR DE L'EMBALLAGE POUR RALENTIR LA DÉTÉRIORATION, ET DES EMBALLAGES ACTIFS, QUI PEUVENT ABSORBER L'OXYGÈNE, L'HUMIDITÉ, OU LES ODEURS. DES MATÉRIAUX INTELLIGENTS ET DES INDICATEURS DE FRAÎCHEUR SONT ÉGALEMENT UTILISÉS POUR INFORMER LES CONSOMMATEURS SUR L'ÉTAT DE CONSERVATION DES PRODUITS. DE PLUS, L'ACCENT EST MIS SUR LE DÉVELOPPEMENT D'EMBALLAGES PLUS DURABLES ET ÉCOLOGIQUES, TELS QUE LES BIOPLASTIQUES ET LES MATÉRIAUX RECYCLABLES OU COMPOSTABLES, POUR RÉDUIRE L'IMPACT ENVIRONNEMENTAL DES DÉCHETS D'EMBALLAGE.

51

VITICULTURE

LA VITICULTURE EST L'ART ET LA SCIENCE DE CULTIVER DES RAISINS DESTINÉS PRINCIPALEMENT À LA PRODUCTION DE VIN. CELA IMPLIQUE LA SÉLECTION DE VARIÉTÉS DE RAISINS ADAPTÉES AU CLIMAT ET AU SOL DE LA RÉGION, LA GESTION SOIGNÉE DES VIGNOBLES POUR OPTIMISER LA QUALITÉ ET LA QUANTITÉ DES RAISINS, ET LA COMPRÉHENSION DES PROCESSUS DE MATURATION ET DE RÉCOLTE. LA VITICULTURE PEUT VARIER CONSIDÉRABLEMENT EN FONCTION DU TERROIR, UN CONCEPT QUI ENGLOBE LES CARACTÉRISTIQUES GÉOGRAPHIQUES, GÉOLOGIQUES ET CLIMATIQUES D'UNE RÉGION, INFLUENÇANT PROFONDÉMENT LES CARACTÉRISTIQUES DU VIN PRODUIT. LES VITICULTEURS UTILISENT UNE COMBINAISON DE TECHNIQUES TRADITIONNELLES ET DE TECHNOLOGIES MODERNES POUR GÉRER LES DÉFIS TELS QUE LES MALADIES DES PLANTES, LES CONDITIONS MÉTÉOROLOGIQUES ET LA GESTION DE L'EAU, TOUT EN CHERCHANT À EXPRIMER LES QUALITÉS UNIQUES DE LEUR TERROIR DANS LE VIN QU'ILS PRODUISENT.

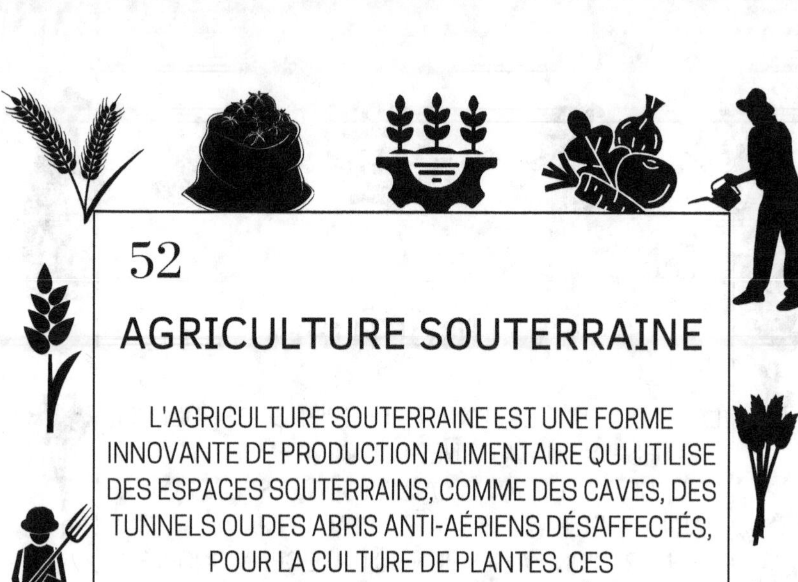

AGRICULTURE SOUTERRAINE

52

L'AGRICULTURE SOUTERRAINE EST UNE FORME INNOVANTE DE PRODUCTION ALIMENTAIRE QUI UTILISE DES ESPACES SOUTERRAINS, COMME DES CAVES, DES TUNNELS OU DES ABRIS ANTI-AÉRIENS DÉSAFFECTÉS, POUR LA CULTURE DE PLANTES. CES ENVIRONNEMENTS OFFRENT UN CONTRÔLE PLUS PRÉCIS DES CONDITIONS TELLES QUE LA TEMPÉRATURE, L'HUMIDITÉ ET LA LUMIÈRE, SOUVENT AVEC L'UTILISATION DE SYSTÈMES HYDROPONIQUES OU AÉROPONIQUES ET D'ÉCLAIRAGE ARTIFICIEL. L'AGRICULTURE SOUTERRAINE EST PARTICULIÈREMENT AVANTAGEUSE DANS LES ZONES URBAINES OÙ L'ESPACE AU SOL EST LIMITÉ ET PEUT CONTRIBUER À LA PRODUCTION LOCALE D'ALIMENTS FRAIS. ELLE RÉDUIT LA DÉPENDANCE AUX CONDITIONS MÉTÉOROLOGIQUES EXTÉRIEURES, PERMETTANT UNE PRODUCTION CONSTANTE TOUT AU LONG DE L'ANNÉE, ET MINIMISE L'UTILISATION DE L'EAU ET DES PESTICIDES. CETTE MÉTHODE REPRÉSENTE UNE APPROCHE PROMETTEUSE POUR AUGMENTER LA DURABILITÉ ET L'EFFICACITÉ DE LA PRODUCTION ALIMENTAIRE EN MILIEU URBAIN.

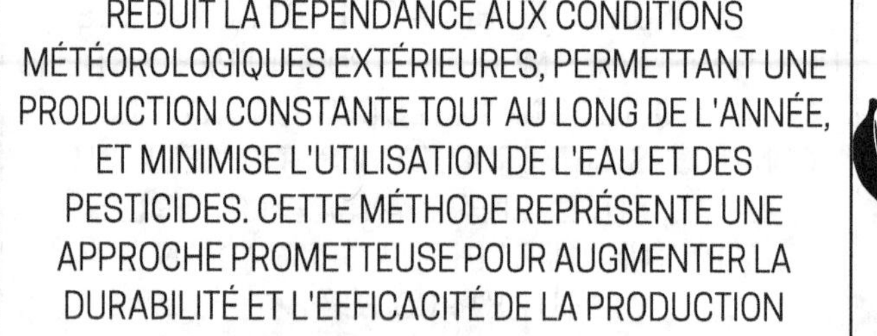

CULTURES INTERCALAIRES

LES CULTURES INTERCALAIRES IMPLIQUENT LA CULTURE SIMULTANÉE DE DIFFÉRENTES ESPÈCES DE PLANTES SUR LA MÊME PARCELLE DE TERRE, UNE PRATIQUE QUI PEUT OFFRIR DES AVANTAGES MUTUELS POUR LES CULTURES IMPLIQUÉES. CETTE MÉTHODE DE POLYCULTURE FAVORISE LA DIVERSITÉ BIOLOGIQUE ET PEUT AMÉLIORER L'UTILISATION DES RESSOURCES TELLES QUE LA LUMIÈRE, L'EAU ET LES NUTRIMENTS. LES PLANTES DANS UN SYSTÈME INTERCALAIRE PEUVENT SE PROTÉGER MUTUELLEMENT CONTRE LES VENTS FORTS, PARTAGER LES NUTRIMENTS (COMME LES LÉGUMINEUSES QUI FIXENT L'AZOTE BÉNÉFICIANT AUX PLANTES VOISINES), ET RÉDUIRE LA PRESSION DES MAUVAISES HERBES ET DES RAVAGEURS GRÂCE À DES EFFETS RÉPULSIFS OU ATTRACTIFS SUR LES INSECTES. LES CULTURES INTERCALAIRES PEUVENT ÉGALEMENT AMÉLIORER LA SANTÉ DU SOL ET AUGMENTER LA PRODUCTIVITÉ GLOBALE DES TERRES AGRICOLES.

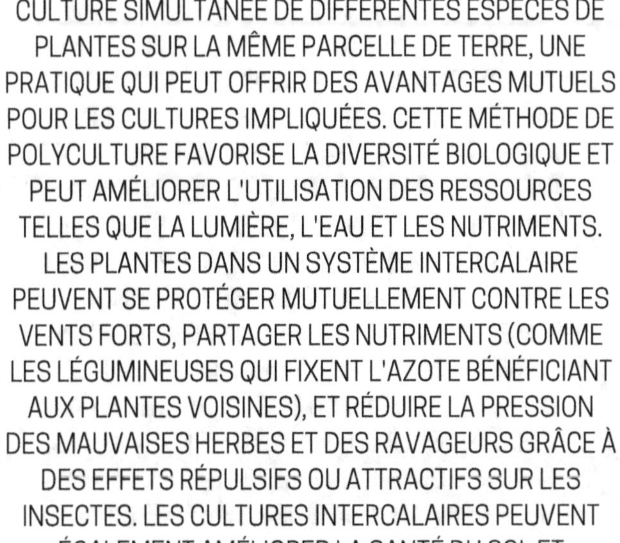

DRONES AGRICOLES

LES DRONES AGRICOLES SONT DE PLUS EN PLUS UTILISÉS POUR LA SURVEILLANCE ET LA GESTION DES CULTURES, OFFRANT UNE MÉTHODE EFFICACE ET ÉCONOMIQUE POUR SURVEILLER DE GRANDES SURFACES AGRICOLES. ÉQUIPÉS DE CAPTEURS AVANCÉS, LES DRONES PEUVENT COLLECTER DES DONNÉES DÉTAILLÉES SUR L'ÉTAT DES CULTURES, Y COMPRIS LES INFORMATIONS SUR LA SANTÉ DES PLANTES, L'HUMIDITÉ DU SOL, ET LA PRÉSENCE DE MALADIES OU DE PARASITES. CETTE TECHNOLOGIE PERMET AUX AGRICULTEURS D'EFFECTUER UNE SURVEILLANCE PRÉCISE ET DE PRENDRE DES DÉCISIONS ÉCLAIRÉES SUR L'IRRIGATION, LA FERTILISATION ET LA LUTTE CONTRE LES RAVAGEURS. LES DRONES SONT ÉGALEMENT UTILISÉS POUR LA PULVÉRISATION DE PESTICIDES ET D'ENGRAIS, PERMETTANT UNE APPLICATION CIBLÉE ET RÉDUISANT AINSI LE GASPILLAGE ET L'IMPACT ENVIRONNEMENTAL. L'UTILISATION DE DRONES EN AGRICULTURE REPRÉSENTE UNE AVANCÉE SIGNIFICATIVE VERS UNE AGRICULTURE DE PRÉCISION PLUS EFFICACE ET DURABLE.

HYDROPONIE

L'HYDROPONIE EST UNE MÉTHODE DE CULTURE DE PLANTES QUI N'UTILISE PAS DE SOL, MAIS PLUTÔT DES SOLUTIONS NUTRITIVES QUI FOURNISSENT DIRECTEMENT AUX RACINES DES PLANTES LES NUTRIMENTS ESSENTIELS POUR LEUR CROISSANCE. CETTE TECHNIQUE PEUT ÊTRE MISE EN ŒUVRE DANS DIVERS SYSTÈMES, TELS QUE LES SYSTÈMES À RECIRCULATION D'EAU, LES CULTURES SUR SUBSTRATS INERTES (COMME LA LAINE DE ROCHE OU LA PERLITE), OU LES SYSTÈMES AÉROPONIQUES OÙ LES RACINES SONT SUSPENDUES DANS L'AIR. L'HYDROPONIE OFFRE PLUSIEURS AVANTAGES, NOTAMMENT UNE UTILISATION PLUS EFFICACE DE L'EAU ET DES NUTRIMENTS, LA POSSIBILITÉ DE CONTRÔLER PRÉCISÉMENT LES CONDITIONS DE CROISSANCE, ET LA RÉDUCTION DES PROBLÈMES LIÉS AUX MALADIES DU SOL. ELLE EST PARTICULIÈREMENT ADAPTÉE POUR LES ENVIRONNEMENTS URBAINS OU LES ZONES OÙ LES CONDITIONS DU SOL SONT DÉFAVORABLES. L'HYDROPONIE PERMET ÉGALEMENT UNE PRODUCTION DE PLANTES DE HAUTE QUALITÉ ET UNE PRODUCTIVITÉ ACCRUE PAR RAPPORT À L'AGRICULTURE TRADITIONNELLE.

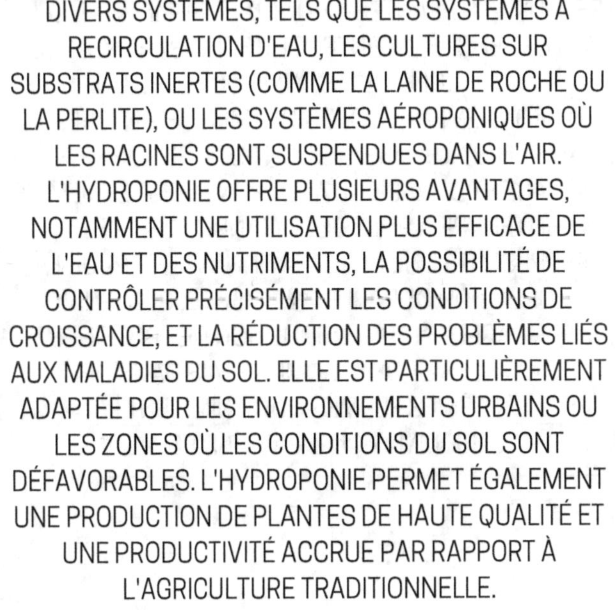

AQUAPONIE

L'AQUAPONIE EST UN SYSTÈME INTÉGRÉ QUI COMBINE L'AQUACULTURE (ÉLEVAGE DE POISSONS) ET L'HYDROPONIE (CULTURE DE PLANTES SANS SOL). DANS UN SYSTÈME AQUAPONIQUE, LES DÉCHETS PRODUITS PAR LES POISSONS SERVENT DE SOURCE DE NUTRIMENTS ORGANIQUES POUR LES PLANTES. EN RETOUR, LES PLANTES FILTRENT ET PURIFIENT L'EAU, QUI EST ENSUITE RÉINTRODUITE DANS LE SYSTÈME AQUACOLE. CETTE SYMBIOSE CRÉE UN ENVIRONNEMENT ÉCOLOGIQUEMENT ÉQUILIBRÉ, OÙ L'EAU ET LES NUTRIMENTS SONT UTILISÉS DE MANIÈRE EFFICACE ET DURABLE. L'AQUAPONIE PEUT ÊTRE MISE EN ŒUVRE À PETITE OU GRANDE ÉCHELLE ET REPRÉSENTE UNE SOLUTION INNOVANTE POUR LA PRODUCTION DURABLE D'ALIMENTS, COMBINANT EFFICACEMENT LA PRODUCTION DE PROTÉINES ANIMALES ET DE LÉGUMES FRAIS DANS DES SYSTÈMES FERMÉS QUI MINIMISENT LA CONSOMMATION D'EAU ET D'ESPACE.

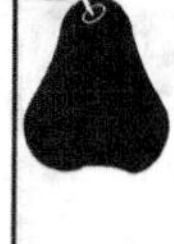

CULTURES ORNEMENTALES

LES CULTURES ORNEMENTALES COMPRENNENT UNE GRANDE VARIÉTÉ DE PLANTES CULTIVÉES PRINCIPALEMENT POUR LEUR BEAUTÉ ESTHÉTIQUE, COMME LES FLEURS, LES ARBRES, LES ARBUSTES ET LES PLANTES DÉCORATIVES. CES PLANTES JOUENT UN RÔLE IMPORTANT DANS L'HORTICULTURE ET LE PAYSAGISME, CONTRIBUANT À L'EMBELLISSEMENT DES ENVIRONNEMENTS URBAINS ET RURAUX, ET OFFRANT DES AVANTAGES ÉCOLOGIQUES TELS QUE LA PROMOTION DE LA BIODIVERSITÉ ET L'AMÉLIORATION DE LA QUALITÉ DE L'AIR. LE MARCHÉ DES CULTURES ORNEMENTALES COMPREND LES FLEURS COUPÉES, LES PLANTES EN POT, LES ARBRES D'ORNEMENT ET LES SEMENCES DE GAZON, ET REPRÉSENTE UNE PART IMPORTANTE DE L'ÉCONOMIE AGRICOLE DANS DE NOMBREUX PAYS. LA CULTURE DE PLANTES ORNEMENTALES NÉCESSITE SOUVENT DES COMPÉTENCES ET DES CONNAISSANCES SPÉCIALISÉES EN HORTICULTURE, ET ELLE PEUT ÊTRE UNE SOURCE DE REVENUS SIGNIFICATIVE POUR LES AGRICULTEURS ET LES PÉPINIÉRISTES.

AGRICULTURE BANDES

L'AGRICULTURE EN BANDES EST UNE TECHNIQUE DE GESTION DES CULTURES OÙ DIFFÉRENTES ESPÈCES DE PLANTES SONT CULTIVÉES EN BANDES PARALLÈLES ÉTROITES. CETTE MÉTHODE PERMET UNE MEILLEURE UTILISATION DES RESSOURCES ET UNE RÉDUCTION DES RISQUES DE MALADIES ET DE RAVAGEURS, CAR LES DIFFÉRENTES CULTURES CRÉENT UN ENVIRONNEMENT MOINS PROPICE À LA PROPAGATION DES NUISIBLES SPÉCIFIQUES À UNE CULTURE. LES BANDES PEUVENT ÊTRE CONÇUES POUR OPTIMISER LES INTERACTIONS BÉNÉFIQUES ENTRE LES CULTURES, COMME LA SUPPRESSION DES MAUVAISES HERBES OU L'ATTRACTION DE POLLINISATEURS. EN OUTRE, L'AGRICULTURE EN BANDES PEUT CONTRIBUER À LA PRÉVENTION DE L'ÉROSION EN INTERROMPANT LE FLUX D'EAU SUR DE GRANDES SURFACES. CETTE TECHNIQUE EST PARTICULIÈREMENT ADAPTÉE AUX PETITES EXPLOITATIONS AGRICOLES ET À L'AGRICULTURE DURABLE.

CULTURES NICHE

LES CULTURES DE NICHE SONT DES PRODUITS AGRICOLES SPÉCIALISÉS QUI NE SONT GÉNÉRALEMENT PAS CULTIVÉS À GRANDE ÉCHELLE MAIS QUI ONT UN MARCHÉ SPÉCIFIQUE EN RAISON DE LEURS PROPRIÉTÉS UNIQUES, DE LEUR QUALITÉ OU DE LEUR SPÉCIFICITÉ RÉGIONALE. CES CULTURES OFFRENT DES OPPORTUNITÉS INTÉRESSANTES POUR LES PETITS AGRICULTEURS, CAR ELLES PEUVENT PERMETTRE UNE MEILLEURE RENTABILITÉ GRÂCE À DES PRIX DE MARCHÉ SOUVENT SUPÉRIEURS. LES EXEMPLES DE CULTURES DE NICHE INCLUENT DES VARIÉTÉS ANCIENNES DE FRUITS ET LÉGUMES, DES HERBES AROMATIQUES ET MÉDICINALES, DES FLEURS RARES, ET DES PRODUITS SPÉCIALISÉS COMME LE MIEL DE MANUKA OU LE SAFRAN. LE DÉVELOPPEMENT DE CES MARCHÉS NICHE EXIGE GÉNÉRALEMENT DES CONNAISSANCES SPÉCIALISÉES, UNE ATTENTION PARTICULIÈRE À LA QUALITÉ, ET DES STRATÉGIES DE MARKETING CIBLÉES POUR ATTEINDRE LES CONSOMMATEURS INTÉRESSÉS.

RÉCOLTE MANUELLE

LA RÉCOLTE MANUELLE EST UN PROCESSUS ESSENTIEL POUR CERTAINES CULTURES, EN PARTICULIER CELLES QUI SONT DÉLICATES ET SUSCEPTIBLES D'ÊTRE ENDOMMAGÉES PAR LA MÉCANISATION. LES FRUITS ET LÉGUMES COMME LES BAIES, LES RAISINS POUR LE VIN DE QUALITÉ, ET CERTAINS LÉGUMES FEUILLUS NÉCESSITENT SOUVENT UNE CUEILLETTE À LA MAIN POUR MAINTENIR LEUR INTÉGRITÉ ET LEUR QUALITÉ. LA RÉCOLTE MANUELLE PERMET UN TRI ET UNE SÉLECTION PLUS PRÉCIS DES PRODUITS, GARANTISSANT QUE SEULS LES FRUITS ET LÉGUMES MÛRS ET EN PARFAIT ÉTAT SONT RÉCOLTÉS. BIEN QUE PLUS COÛTEUSE ET PLUS LENTE QUE LA RÉCOLTE MÉCANIQUE, LA RÉCOLTE MANUELLE RESTE INDISPENSABLE DANS DE NOMBREUX SECTEURS DE L'AGRICULTURE, EN PARTICULIER POUR LES PRODUITS DE HAUTE QUALITÉ ET LES MARCHÉS SPÉCIALISÉS.

MARCHÉS FUTURS

LES MARCHÉS À TERME AGRICOLES SONT DES CONTRATS FINANCIERS QUI PERMETTENT AUX AGRICULTEURS, AUX NÉGOCIANTS ET AUX INVESTISSEURS DE SE PROTÉGER CONTRE LES FLUCTUATIONS DES PRIX DES PRODUITS AGRICOLES. CES CONTRATS SPÉCIFIENT LA VENTE OU L'ACHAT D'UNE QUANTITÉ DÉFINIE D'UN PRODUIT AGRICOLE À UN PRIX FIXÉ, À UNE DATE FUTURE. LES MARCHÉS À TERME AIDENT LES AGRICULTEURS À GÉRER LES RISQUES DE PRIX EN LEUR PERMETTANT DE FIXER À L'AVANCE LE PRIX DE LEURS PRODUITS, RÉDUISANT AINSI L'INCERTITUDE DUE À LA VOLATILITÉ DU MARCHÉ. POUR LES ACHETEURS, COMME LES TRANSFORMATEURS DE PRODUITS ALIMENTAIRES, CELA GARANTIT UN APPROVISIONNEMENT STABLE À UN PRIX CONNU. BIEN QUE LES MARCHÉS À TERME PUISSENT ÊTRE COMPLEXES ET COMPORTENT DES RISQUES, ILS SONT UN OUTIL IMPORTANT DANS LA GESTION DU RISQUE FINANCIER DANS L'AGRICULTURE MODERNE.

BIOREMÉDIATION

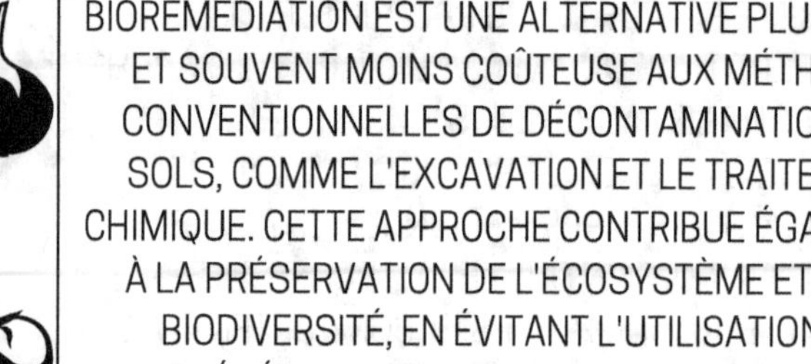

LA BIOREMÉDIATION EST UNE TECHNIQUE ÉCOLOGIQUE QUI UTILISE DES PLANTES, AINSI QUE DES MICRO-ORGANISMES, POUR NETTOYER ET RESTAURER LES SOLS CONTAMINÉS PAR DES POLLUANTS TELS QUE LES MÉTAUX LOURDS, LES PESTICIDES ET LES HYDROCARBURES. CERTAINES PLANTES ONT LA CAPACITÉ D'ABSORBER, D'ACCUMULER ET DE DÉGRADER CES SUBSTANCES TOXIQUES, RENDANT LE SOL À NOUVEAU SÛR POUR LA CULTURE OU LA RESTAURATION DE L'HABITAT NATUREL. LA BIOREMÉDIATION EST UNE ALTERNATIVE PLUS DOUCE ET SOUVENT MOINS COÛTEUSE AUX MÉTHODES CONVENTIONNELLES DE DÉCONTAMINATION DES SOLS, COMME L'EXCAVATION ET LE TRAITEMENT CHIMIQUE. CETTE APPROCHE CONTRIBUE ÉGALEMENT À LA PRÉSERVATION DE L'ÉCOSYSTÈME ET DE LA BIODIVERSITÉ, EN ÉVITANT L'UTILISATION DE PROCÉDÉS AGRESSIFS POUR L'ENVIRONNEMENT.

ALERTES PRÉCOCES

LES SYSTÈMES D'ALERTE PRÉCOCE EN AGRICULTURE SONT DES MÉCANISMES CONÇUS POUR PRÉVENIR LES CRISES AGRICOLES EN FOURNISSANT AUX AGRICULTEURS ET AUX AUTORITÉS DES INFORMATIONS EN TEMPS OPPORTUN SUR LES MENACES POTENTIELLES, TELLES QUE LES CONDITIONS MÉTÉOROLOGIQUES EXTRÊMES, LES INFESTATIONS DE RAVAGEURS OU LES MALADIES DES PLANTES. CES SYSTÈMES UTILISENT DES TECHNOLOGIES TELLES QUE LA TÉLÉDÉTECTION PAR SATELLITE, LES MODÈLES CLIMATIQUES ET LES DONNÉES SUR LE TERRAIN POUR SURVEILLER ET PRÉVOIR LES CONDITIONS QUI POURRAIENT AFFECTER LA PRODUCTION AGRICOLE. EN FOURNISSANT DES AVERTISSEMENTS PRÉCOCES, LES AGRICULTEURS PEUVENT PRENDRE DES MESURES PRÉVENTIVES POUR PROTÉGER LEURS CULTURES, COMME MODIFIER LES PRATIQUES DE CULTURE, APPLIQUER DES TRAITEMENTS CONTRE LES RAVAGEURS, OU IRRIGUER DE MANIÈRE PLUS EFFICACE. CES SYSTÈMES JOUENT UN RÔLE CRUCIAL DANS LA RÉDUCTION DES PERTES AGRICOLES, L'AMÉLIORATION DE LA SÉCURITÉ ALIMENTAIRE ET LA DIMINUTION DES IMPACTS ÉCONOMIQUES DES CATASTROPHES AGRICOLES.

AGRICULTURE CELLULAIRE

L'AGRICULTURE CELLULAIRE EST UNE TECHNOLOGIE RÉVOLUTIONNAIRE QUI PERMET DE PRODUIRE DE LA VIANDE ET D'AUTRES PRODUITS ALIMENTAIRES DIRECTEMENT À PARTIR DE CELLULES ANIMALES EN LABORATOIRE, SANS NÉCESSITER L'ÉLEVAGE ET L'ABATTAGE D'ANIMAUX. CE PROCESSUS IMPLIQUE LA CULTURE DE CELLULES MUSCULAIRES PRÉLEVÉES SUR DES ANIMAUX DANS UN MILIEU DE CULTURE RICHE EN NUTRIMENTS. L'AGRICULTURE CELLULAIRE VISE À RÉPONDRE À LA DEMANDE CROISSANTE DE PROTÉINES ANIMALES TOUT EN RÉDUISANT L'IMPACT ENVIRONNEMENTAL DE L'ÉLEVAGE CONVENTIONNEL, COMME LES ÉMISSIONS DE GAZ À EFFET DE SERRE, L'UTILISATION DES TERRES ET LA CONSOMMATION D'EAU. ELLE PRÉSENTE ÉGALEMENT DES AVANTAGES POTENTIELS EN MATIÈRE DE BIEN-ÊTRE ANIMAL ET DE SÉCURITÉ ALIMENTAIRE, EN ÉLIMINANT LE RISQUE DE MALADIES TRANSMISSIBLES PAR LES ANIMAUX. CEPENDANT, DES DÉFIS SUBSISTENT, NOTAMMENT EN TERMES DE COÛTS DE PRODUCTION, D'ACCEPTATION PAR LES CONSOMMATEURS ET DE RÉGLEMENTATION.

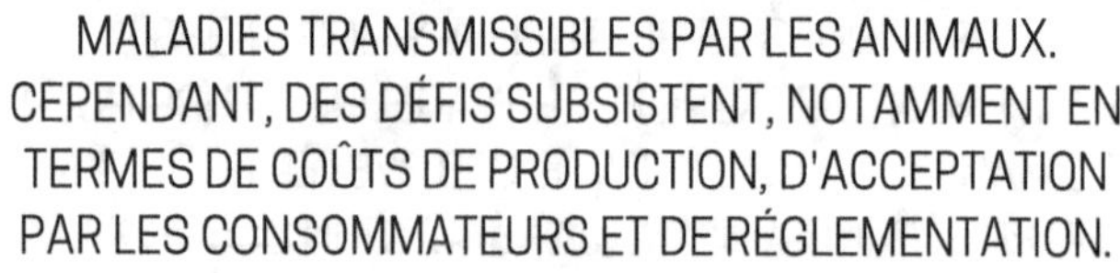

TRAÇABILITÉ ALIMENTAIRE

LES SYSTÈMES DE TRAÇABILITÉ ALIMENTAIRE SONT DES PROCESSUS OU DES TECHNOLOGIES UTILISÉS POUR SUIVRE LE PARCOURS DES PRODUITS ALIMENTAIRES TOUT AU LONG DE LA CHAÎNE D'APPROVISIONNEMENT, DE LA PRODUCTION À LA CONSOMMATION. LA TRAÇABILITÉ PERMET DE VÉRIFIER L'ORIGINE, LE PARCOURS ET LES PROCESSUS DE MANIPULATION DES ALIMENTS, CONTRIBUANT AINSI À LA SÉCURITÉ ALIMENTAIRE. EN CAS DE CONTAMINATION OU DE RAPPEL DE PRODUITS, LES SYSTÈMES DE TRAÇABILITÉ PERMETTENT D'IDENTIFIER RAPIDEMENT LA SOURCE DU PROBLÈME ET DE LIMITER LES RISQUES POUR LA SANTÉ PUBLIQUE. CES SYSTÈMES PEUVENT UTILISER DIVERSES TECHNOLOGIES, COMME LES CODES-BARRES, LES ÉTIQUETTES RFID, OU LES BASES DE DONNÉES INFORMATISÉES. ILS JOUENT UN RÔLE CRUCIAL DANS LA CONFIANCE DES CONSOMMATEURS, EN ASSURANT QUE LES NORMES DE QUALITÉ ET DE SÉCURITÉ SONT RESPECTÉES TOUT AU LONG DE LA CHAÎNE D'APPROVISIONNEMENT.

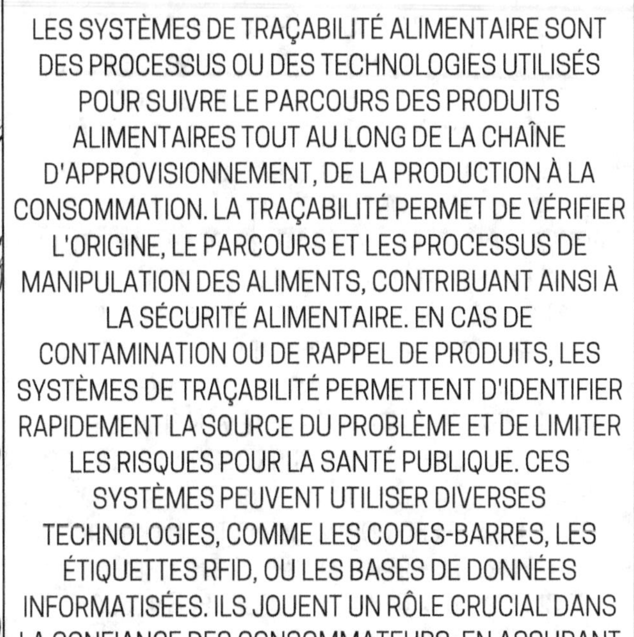

SERRES SOPHISTIQUÉES

LES CULTURES SOUS SERRES SOPHISTIQUÉES UTILISENT DES TECHNOLOGIES AVANCÉES POUR OPTIMISER LA CROISSANCE DES PLANTES ET MAXIMISER L'EFFICACITÉ DE LA PRODUCTION. CES SERRES PEUVENT ÊTRE ÉQUIPÉES DE SYSTÈMES AUTOMATISÉS DE CONTRÔLE DU CLIMAT, INCLUANT LA RÉGULATION DE LA TEMPÉRATURE, DE L'HUMIDITÉ, DE LA LUMIÈRE ET DU DIOXYDE DE CARBONE. DES TECHNIQUES TELLES QUE L'HYDROPONIE ET L'AÉROPONIE SONT SOUVENT UTILISÉES POUR CULTIVER LES PLANTES SANS SOL, AVEC DES NUTRIMENTS FOURNIS DIRECTEMENT DANS UNE SOLUTION AQUEUSE. LES SERRES SOPHISTIQUÉES PEUVENT ÉGALEMENT INTÉGRER DES SYSTÈMES D'ÉCLAIRAGE LED POUR COMPLÉTER LA LUMIÈRE NATURELLE ET PROLONGER LES HEURES DE CROISSANCE DES PLANTES. CES TECHNOLOGIES PERMETTENT UNE PRODUCTION AGRICOLE TOUTE L'ANNÉE, INDÉPENDAMMENT DES CONDITIONS MÉTÉOROLOGIQUES EXTÉRIEURES, ET PEUVENT AMÉLIORER CONSIDÉRABLEMENT LES RENDEMENTS TOUT EN RÉDUISANT LA CONSOMMATION D'EAU ET D'ÉNERGIE.

SÉCURITÉ TRAVAILLEURS

LA SÉCURITÉ DES TRAVAILLEURS AGRICOLES EST UN ENJEU MAJEUR DANS DE NOMBREUX PAYS, ÉTANT DONNÉ QUE L'AGRICULTURE EST SOUVENT CONSIDÉRÉE COMME L'UN DES SECTEURS LES PLUS DANGEREUX EN TERMES DE RISQUES PROFESSIONNELS. LES TRAVAILLEURS AGRICOLES SONT EXPOSÉS À DIVERS DANGERS, TELS QUE LES ACCIDENTS DE MACHINERIE, L'EXPOSITION AUX PESTICIDES ET AUTRES PRODUITS CHIMIQUES, LES RISQUES LIÉS AUX CONDITIONS CLIMATIQUES EXTRÊMES, ET LES BLESSURES DUES AUX ACTIVITÉS PHYSIQUES INTENSES. LA MISE EN ŒUVRE DE NORMES DE SÉCURITÉ RIGOUREUSES, LA FORMATION ADÉQUATE DES TRAVAILLEURS, L'UTILISATION D'ÉQUIPEMENTS DE PROTECTION INDIVIDUELLE, ET L'ACCÈS À DES SOINS MÉDICAUX APPROPRIÉS SONT ESSENTIELS POUR ASSURER LEUR SÉCURITÉ ET LEUR BIEN-ÊTRE. DE PLUS, LA SENSIBILISATION AUX DROITS DES TRAVAILLEURS ET LA LUTTE CONTRE LES CONDITIONS DE TRAVAIL PRÉCAIRES ET L'EXPLOITATION SONT CRUCIALES POUR AMÉLIORER LA SÉCURITÉ ET LA QUALITÉ DE VIE DES TRAVAILLEURS AGRICOLES.

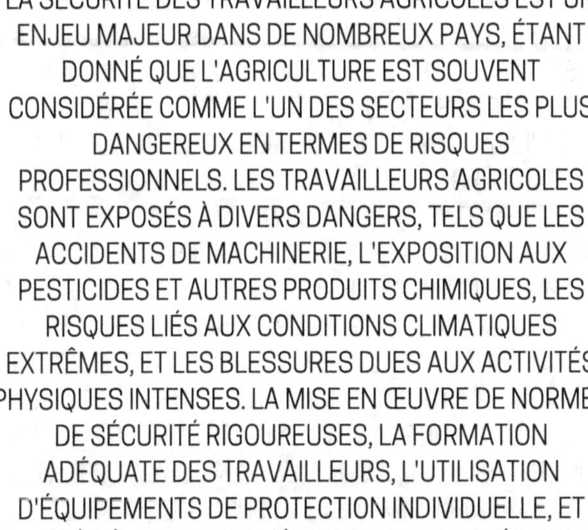

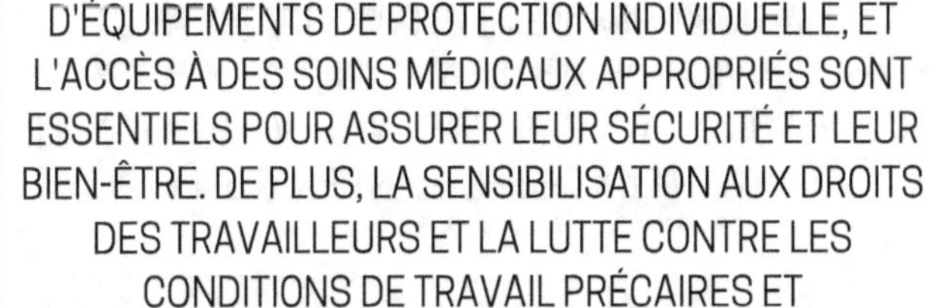

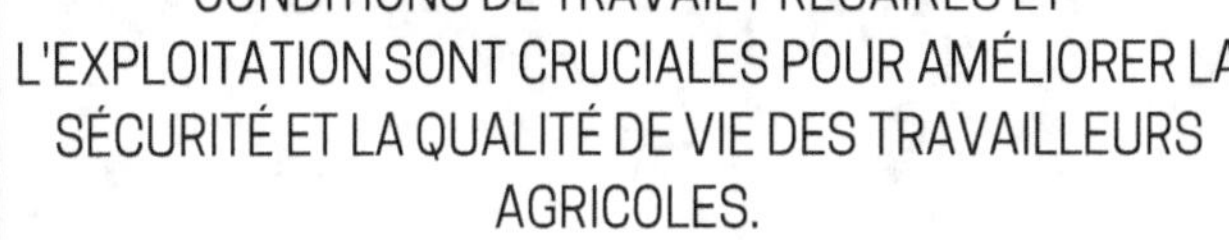

BIODYNAMIQUE

L'AGRICULTURE BIODYNAMIQUE EST UNE APPROCHE HOLISTIQUE ET ÉCOLOGIQUE DE L'AGRICULTURE QUI EST BASÉE SUR LES PRINCIPES DE LA PHILOSOPHIE ANTHROPOSOPHIQUE, DÉVELOPPÉE PAR RUDOLF STEINER AU DÉBUT DU 20E SIÈCLE. CETTE MÉTHODE TRAITE LES FERMES COMME DES ÉCOSYSTÈMES INTÉGRÉS ET AUTOSUFFISANTS, METTANT L'ACCENT SUR L'ÉQUILIBRE ENTRE LES SOLS, LES PLANTES, LES ANIMAUX ET LES CYCLES COSMIQUES. L'AGRICULTURE BIODYNAMIQUE UTILISE DES PRÉPARATIONS À BASE DE PLANTES ET DE MINÉRAUX POUR ENRICHIR LE SOL ET STIMULER LA CROISSANCE DES PLANTES, ET SUIT UN CALENDRIER DE PLANTATION BASÉ SUR LES PHASES LUNAIRES ET ASTROLOGIQUES. ELLE VISE À CRÉER UNE RELATION DURABLE ET RESPECTUEUSE AVEC L'ENVIRONNEMENT, EN PROMOUVANT LA BIODIVERSITÉ, LA RÉGÉNÉRATION DU SOL ET LE CYCLE HARMONIEUX DES ÉLÉMENTS NATURELS.

69

MENACE DÉSERTIFICATION

LA DÉSERTIFICATION EST LE PROCESSUS DE DÉGRADATION DES TERRES DANS LES ZONES ARIDES, SEMI-ARIDES ET SUB-HUMIDES SÈCHES, PRINCIPALEMENT EN RAISON DES ACTIVITÉS HUMAINES ET DES VARIATIONS CLIMATIQUES. ELLE REPRÉSENTE UNE MENACE SÉRIEUSE POUR LES TERRES AGRICOLES, RÉDUISANT LEUR PRODUCTIVITÉ ET LEUR CAPACITÉ À SOUTENIR LA VIE. LES FACTEURS CONTRIBUANT À LA DÉSERTIFICATION INCLUENT LE SURPÂTURAGE, LA DÉFORESTATION, L'IRRIGATION NON DURABLE, ET LES PRATIQUES AGRICOLES INAPPROPRIÉES QUI ÉPUISENT LES NUTRIMENTS DU SOL ET AUGMENTENT L'ÉROSION. LA DÉSERTIFICATION ENTRAÎNE NON SEULEMENT UNE PERTE DE BIODIVERSITÉ ET UNE DIMINUTION DES RESSOURCES EN EAU, MAIS AUSSI DES CONSÉQUENCES SOCIO-ÉCONOMIQUES GRAVES, TELLES QUE LA PÉNURIE ALIMENTAIRE, LA PAUVRETÉ ET LE DÉPLACEMENT DES POPULATIONS. LA LUTTE CONTRE LA DÉSERTIFICATION NÉCESSITE DES EFFORTS COORDONNÉS POUR PROMOUVOIR LA GESTION DURABLE DES TERRES ET DES RESSOURCES EN EAU, AINSI QUE L'ADOPTION DE PRATIQUES AGRICOLES ADAPTÉES AUX CONDITIONS ARIDES.

PLANTES MÉDICINALES

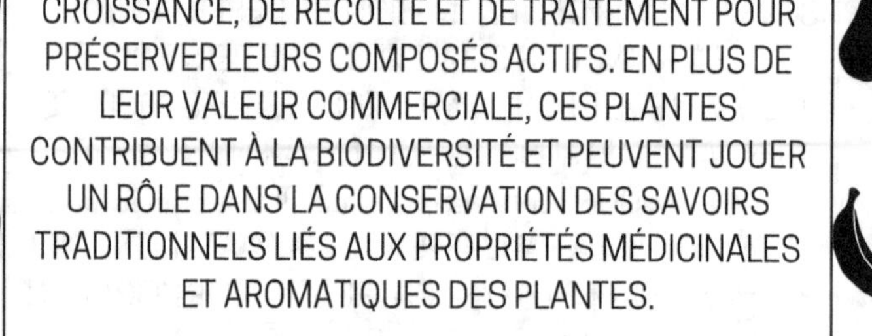

LA CULTURE DE PLANTES MÉDICINALES ET AROMATIQUES REPRÉSENTE UNE NICHE IMPORTANTE DANS LE SECTEUR AGRICOLE. CES PLANTES SONT CULTIVÉES POUR LEURS PROPRIÉTÉS BÉNÉFIQUES POUR LA SANTÉ ET LEUR UTILISATION DANS LES REMÈDES TRADITIONNELS, LES PRODUITS PHARMACEUTIQUES, LES COSMÉTIQUES, ET L'AROMATHÉRAPIE. LA DEMANDE POUR DES PRODUITS NATURELS ET BIOLOGIQUES A STIMULÉ L'INTÉRÊT POUR CES CULTURES. LA CULTURE DE CES PLANTES NÉCESSITE SOUVENT DES CONNAISSANCES SPÉCIFIQUES EN MATIÈRE DE CONDITIONS DE CROISSANCE, DE RÉCOLTE ET DE TRAITEMENT POUR PRÉSERVER LEURS COMPOSÉS ACTIFS. EN PLUS DE LEUR VALEUR COMMERCIALE, CES PLANTES CONTRIBUENT À LA BIODIVERSITÉ ET PEUVENT JOUER UN RÔLE DANS LA CONSERVATION DES SAVOIRS TRADITIONNELS LIÉS AUX PROPRIÉTÉS MÉDICINALES ET AROMATIQUES DES PLANTES.

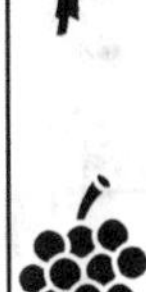

71

AGRICULTURE SOCIALE

L'AGRICULTURE SOCIALE UTILISE L'AGRICULTURE À DES FINS SOCIALES ET THÉRAPEUTIQUES, OFFRANT DES ACTIVITÉS AGRICOLES COMME MOYEN DE RÉHABILITATION, D'INTÉGRATION SOCIALE, D'ÉDUCATION ET DE THÉRAPIE. CETTE APPROCHE EST PARTICULIÈREMENT BÉNÉFIQUE POUR LES INDIVIDUS AYANT DES BESOINS SPÉCIAUX, COMME LES PERSONNES AVEC DES HANDICAPS, LES JEUNES EN DIFFICULTÉ, LES PERSONNES ÂGÉES, OU LES PERSONNES SOUFFRANT DE MALADIES MENTALES. LES ACTIVITÉS PEUVENT INCLURE LE JARDINAGE, L'ÉLEVAGE D'ANIMAUX, ET LA PARTICIPATION AUX TÂCHES AGRICOLES QUOTIDIENNES. L'AGRICULTURE SOCIALE FAVORISE LE BIEN-ÊTRE EN FOURNISSANT UN ENVIRONNEMENT STRUCTURÉ ET SIGNIFICATIF, OÙ LES PARTICIPANTS PEUVENT DÉVELOPPER DES COMPÉTENCES, AUGMENTER LEUR ESTIME DE SOI ET INTERAGIR AVEC LA NATURE ET LES AUTRES.

BIEN-ÊTRE ANIMAL

LES NORMES DE BIEN-ÊTRE ANIMAL SONT DEVENUES DE PLUS EN PLUS IMPORTANTES DANS LES PRATIQUES D'ÉLEVAGE. CES NORMES VISENT À ASSURER QUE LES ANIMAUX SONT ÉLEVÉS DANS DES CONDITIONS QUI RESPECTENT LEURS BESOINS PHYSIQUES ET PSYCHOLOGIQUES. CELA COMPREND DES ESPACES ADÉQUATS, UN ACCÈS À L'EXTÉRIEUR, UNE ALIMENTATION SAINE, DES SOINS VÉTÉRINAIRES APPROPRIÉS, ET LA POSSIBILITÉ D'EXPRIMER DES COMPORTEMENTS NATURELS. L'ACCENT SUR LE BIEN-ÊTRE ANIMAL RÉPOND À LA DEMANDE CROISSANTE DES CONSOMMATEURS POUR DES PRODUITS ISSUS D'ÉLEVAGES ÉTHIQUES ET DURABLES. DE PLUS, IL Y A UNE RECONNAISSANCE CROISSANTE QUE DES ANIMAUX BIEN TRAITÉS SONT PLUS SAINS ET PLUS PRODUCTIFS. LA MISE EN ŒUVRE DE MEILLEURES PRATIQUES DE BIEN-ÊTRE ANIMAL CONTRIBUE ÉGALEMENT À UNE IMAGE POSITIVE DE L'INDUSTRIE AGRICOLE ET PEUT OFFRIR DES AVANTAGES ÉCONOMIQUES À LONG TERME POUR LES ÉLEVEURS.

ZONES TAMPONS

LES ZONES TAMPONS, TELLES QUE LES BANDES DE VÉGÉTATION OU LES HAIES PLANTÉES ENTRE LES TERRES AGRICOLES ET LES ÉCOSYSTÈMES SENSIBLES, JOUENT UN RÔLE CRUCIAL DANS LA RÉDUCTION DE L'IMPACT ENVIRONNEMENTAL DE L'AGRICULTURE. ELLES AGISSENT COMME DES FILTRES, INTERCEPTANT LES SÉDIMENTS, LES NUTRIMENTS ET LES PESTICIDES AVANT QU'ILS N'ATTEIGNENT LES COURS D'EAU, LES ZONES HUMIDES OU D'AUTRES HABITATS NATURELS. EN PLUS DE PROTÉGER LA QUALITÉ DE L'EAU, LES ZONES TAMPONS FOURNISSENT UN HABITAT POUR LA FAUNE, FAVORISENT LA BIODIVERSITÉ ET PEUVENT SERVIR DE CORRIDORS ÉCOLOGIQUES POUR LA FAUNE. ELLES CONTRIBUENT ÉGALEMENT À LA LUTTE CONTRE L'ÉROSION DU SOL ET PEUVENT AMÉLIORER L'ESTHÉTIQUE DU PAYSAGE AGRICOLE. LA CRÉATION ET LA GESTION DE ZONES TAMPONS SONT DES COMPOSANTES IMPORTANTES DES PRATIQUES AGRICOLES DURABLES.

FORESTERIE ANALOGIQUE

LA FORESTERIE ANALOGIQUE EST UNE MÉTHODE DE RESTAURATION ÉCOLOGIQUE QUI VISE À RECONSTRUIRE DES ÉCOSYSTÈMES DÉGRADÉS EN S'INSPIRANT DE LA STRUCTURE ET DES FONCTIONS DES FORÊTS NATURELLES INDIGÈNES. CETTE APPROCHE CONSISTE À PLANTER DES ARBRES ET D'AUTRES PLANTES QUI SONT NON SEULEMENT ÉCOLOGIQUEMENT ADAPTÉS À LA RÉGION, MAIS QUI PEUVENT ÉGALEMENT FOURNIR DES BÉNÉFICES ÉCONOMIQUES, COMME DES FRUITS, DES NOIX, ET DU BOIS. L'OBJECTIF EST DE CRÉER DES SYSTÈMES FORESTIERS QUI SONT AUTOSUFFISANTS ET QUI SOUTIENNENT LA BIODIVERSITÉ. LA FORESTERIE ANALOGIQUE AIDE À RESTAURER LES SERVICES ÉCOSYSTÉMIQUES, TELS QUE LA PROTECTION DES BASSINS VERSANTS, LA SÉQUESTRATION DU CARBONE ET LA RÉGÉNÉRATION DES SOLS, TOUT EN OFFRANT DES RESSOURCES DURABLES POUR LES COMMUNAUTÉS LOCALES.

STOCKAGE AGRICOLE

LES INNOVATIONS DANS LE STOCKAGE DES PRODUITS AGRICOLES JOUENT UN RÔLE CLÉ DANS LA RÉDUCTION DES PERTES APRÈS RÉCOLTE, UN PROBLÈME MAJEUR DANS DE NOMBREUSES RÉGIONS DU MONDE. DE NOUVELLES TECHNIQUES ET TECHNOLOGIES VISENT À AMÉLIORER LA CONSERVATION DES PRODUITS FRAIS, À MAINTENIR LEUR QUALITÉ ET À PROLONGER LEUR DURÉE DE VIE. CES INNOVATIONS INCLUENT DES SILOS AMÉLIORÉS, DES CHAMBRES DE STOCKAGE À ATMOSPHÈRE CONTRÔLÉE, DES EMBALLAGES QUI RETARDENT LA MATURATION, ET DES SYSTÈMES DE REFROIDISSEMENT EFFICACES. LES SOLUTIONS DE STOCKAGE AVANCÉES SONT PARTICULIÈREMENT IMPORTANTES DANS LES RÉGIONS OÙ LES INFRASTRUCTURES DE CHAÎNE DU FROID SONT LIMITÉES. EN RÉDUISANT LES PERTES APRÈS RÉCOLTE, CES INNOVATIONS CONTRIBUENT À UNE MEILLEURE EFFICACITÉ ALIMENTAIRE, À UNE RÉDUCTION DU GASPILLAGE ET À UNE AUGMENTATION DES REVENUS POUR LES AGRICULTEURS.

SYSTÈMES INTÉGRÉS

LES SYSTÈMES AGROALIMENTAIRES INTÉGRÉS REPRÉSENTENT UNE APPROCHE HOLISTIQUE DE LA PRODUCTION ALIMENTAIRE QUI COMBINE DIVERS ASPECTS DE L'AGRICULTURE POUR CRÉER DES SYSTÈMES PLUS EFFICACES ET DURABLES. CES SYSTÈMES INTÈGRENT LA CULTURE DE PLANTES, L'ÉLEVAGE D'ANIMAUX, LA GESTION DES RESSOURCES EN EAU ET EN SOL, ET PARFOIS LA PRODUCTION ÉNERGÉTIQUE. L'OBJECTIF EST DE CRÉER DES CYCLES FERMÉS OÙ LES DÉCHETS D'UNE PARTIE DU SYSTÈME SERVENT DE RESSOURCES POUR UNE AUTRE. PAR EXEMPLE, LES DÉCHETS ORGANIQUES DES ANIMAUX PEUVENT ÊTRE UTILISÉS POUR FERTILISER LES CULTURES, TANDIS QUE LES PLANTES PEUVENT FOURNIR DE LA NOURRITURE POUR LE BÉTAIL. CETTE APPROCHE FAVORISE NON SEULEMENT L'EFFICACITÉ EN TERMES D'UTILISATION DES RESSOURCES, MAIS CONTRIBUE ÉGALEMENT À RÉDUIRE L'IMPACT ENVIRONNEMENTAL DE L'AGRICULTURE.

MARCHÉS ÉLECTRONIQUES

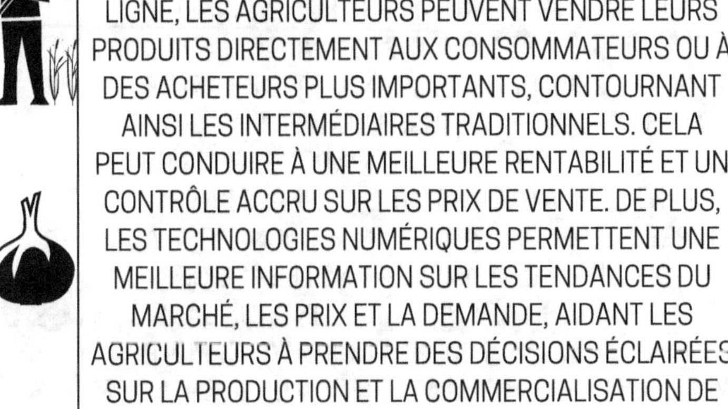

LES MARCHÉS ÉLECTRONIQUES OFFRENT AUX AGRICULTEURS DE NOUVELLES OPPORTUNITÉS EN FACILITANT L'ACCÈS À DES MARCHÉS PLUS LARGES ET EN AMÉLIORANT LA TRANSPARENCE DES TRANSACTIONS. GRÂCE À DES PLATEFORMES EN LIGNE, LES AGRICULTEURS PEUVENT VENDRE LEURS PRODUITS DIRECTEMENT AUX CONSOMMATEURS OU À DES ACHETEURS PLUS IMPORTANTS, CONTOURNANT AINSI LES INTERMÉDIAIRES TRADITIONNELS. CELA PEUT CONDUIRE À UNE MEILLEURE RENTABILITÉ ET UN CONTRÔLE ACCRU SUR LES PRIX DE VENTE. DE PLUS, LES TECHNOLOGIES NUMÉRIQUES PERMETTENT UNE MEILLEURE INFORMATION SUR LES TENDANCES DU MARCHÉ, LES PRIX ET LA DEMANDE, AIDANT LES AGRICULTEURS À PRENDRE DES DÉCISIONS ÉCLAIRÉES SUR LA PRODUCTION ET LA COMMERCIALISATION DE LEURS PRODUITS.

CULTURES SALINES

LE DÉVELOPPEMENT DE CULTURES TOLÉRANTES AU SEL EST CRUCIAL POUR L'AGRICULTURE DANS LES ZONES AFFECTÉES PAR LA SALINISATION DES SOLS, UN PROBLÈME CROISSANT DANS DE NOMBREUSES RÉGIONS DU MONDE EN RAISON DE PRATIQUES D'IRRIGATION INAPPROPRIÉES ET DU CHANGEMENT CLIMATIQUE. CES VARIÉTÉS DE PLANTES PEUVENT PROSPÉRER DANS DES CONDITIONS DE HAUTE SALINITÉ OÙ LES CULTURES CONVENTIONNELLES ÉCHOUERAIENT. LEUR UTILISATION PERMET DE MAINTENIR LA PRODUCTIVITÉ AGRICOLE DANS LES TERRES DÉGRADÉES PAR LE SEL ET CONTRIBUE À LA SÉCURITÉ ALIMENTAIRE DANS LES RÉGIONS VULNÉRABLES. LA RECHERCHE CONTINUE DANS CE DOMAINE EST ESSENTIELLE POUR DÉVELOPPER DES VARIÉTÉS DE CULTURES ADAPTÉES À UN ÉVENTAIL DE CONDITIONS SALINES ET POUR SOUTENIR LES COMMUNAUTÉS AGRICOLES DANS DES ENVIRONNEMENTS DIFFICILES.

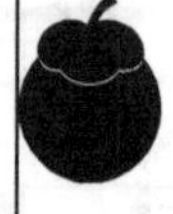

LUTTE BIOLOGIQUE

LA LUTTE BIOLOGIQUE EST UNE MÉTHODE DE CONTRÔLE DES RAVAGEURS QUI UTILISE DES ORGANISMES VIVANTS, TELS QUE DES INSECTES PRÉDATEURS, DES PARASITES, DES BACTÉRIES, OU DES CHAMPIGNONS, POUR RÉDUIRE LES POPULATIONS DE RAVAGEURS NUISIBLES AUX CULTURES. CETTE APPROCHE ÉCOLOGIQUE VISE À MAINTENIR LES RAVAGEURS À DES NIVEAUX QUI NE CAUSENT PAS DE DOMMAGES SIGNIFICATIFS, EN EXPLOITANT LES RELATIONS NATURELLES ENTRE LES ESPÈCES. LA LUTTE BIOLOGIQUE PEUT ÊTRE PLUS DURABLE QUE L'UTILISATION DE PESTICIDES CHIMIQUES, CAR ELLE MINIMISE LES IMPACTS ENVIRONNEMENTAUX ET LES RISQUES POUR LA SANTÉ HUMAINE. ELLE AIDE ÉGALEMENT À PRÉVENIR LE DÉVELOPPEMENT DE RÉSISTANCE CHEZ LES RAVAGEURS. LES EXEMPLES INCLUENT L'UTILISATION DE COCCINELLES POUR CONTRÔLER LES PUCERONS ET DE GUÊPES PARASITOÏDES POUR GÉRER LES POPULATIONS DE CHENILLES.

AGRICULTURE RÉGÉNÉRATIVE

L'AGRICULTURE RÉGÉNÉRATIVE EST UNE APPROCHE HOLISTIQUE DE LA GESTION DES TERRES AGRICOLES QUI VISE À RESTAURER LA SANTÉ DES ÉCOSYSTÈMES. ELLE VA AU-DELÀ DE LA SIMPLE DURABILITÉ, CHERCHANT À REVITALISER LA QUALITÉ DU SOL, AUGMENTER LA BIODIVERSITÉ, AMÉLIORER LES CYCLES DE L'EAU ET RENFORCER L'INTÉGRITÉ ÉCOLOGIQUE. LES PRATIQUES RÉGÉNÉRATIVES INCLUENT LA ROTATION DES CULTURES, LE PÂTURAGE RÉGÉNÉRATIF, L'AGROFORESTERIE, LA CONSERVATION DES SOLS ET L'UTILISATION DE COMPOST ET DE PRÉPARATIONS BIODYNAMIQUES. L'OBJECTIF EST DE CRÉER DES SYSTÈMES AGRICOLES QUI SONT NON SEULEMENT PRODUCTIFS, MAIS QUI CONTRIBUENT ÉGALEMENT ACTIVEMENT À LA SANTÉ ENVIRONNEMENTALE. CETTE APPROCHE PEUT AIDER À LUTTER CONTRE LE CHANGEMENT CLIMATIQUE GRÂCE À LA SÉQUESTRATION DU CARBONE DANS LES SOLS ET À LA RÉDUCTION DES ÉMISSIONS DE GAZ À EFFET DE SERRE.

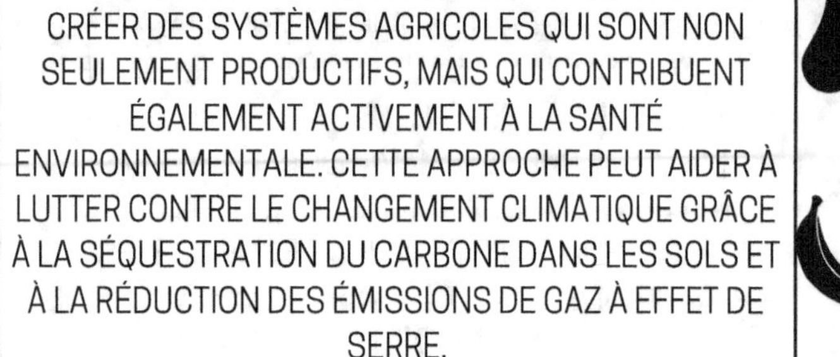

RIZ INONDÉ

LA CULTURE DU RIZ INONDÉ, OU RIZICULTURE INONDÉE, EST UNE MÉTHODE TRADITIONNELLE DE CULTURE DU RIZ QUI IMPLIQUE L'INONDATION DES CHAMPS DE RIZ. LES RIZIÈRES SONT INONDÉES D'EAU PENDANT LA MAJEURE PARTIE DU CYCLE DE CROISSANCE DU RIZ, CE QUI AIDE À CONTRÔLER LES MAUVAISES HERBES ET LES RAVAGEURS, ET FACILITE LA GESTION DES NUTRIMENTS. L'EAU FOURNIT ÉGALEMENT UN ENVIRONNEMENT PROPICE À LA CROISSANCE DU RIZ, UNE PLANTE QUI TOLÈRE MIEUX LA SUBMERSION QUE DE NOMBREUSES AUTRES CULTURES. CETTE MÉTHODE DE CULTURE NÉCESSITE UN SYSTÈME DE GESTION DE L'EAU SOIGNEUSEMENT PLANIFIÉ POUR ASSURER UN APPROVISIONNEMENT ADÉQUAT EN EAU ET SON DRAINAGE À DIFFÉRENTES PHASES DE LA CROISSANCE. BIEN QUE LA RIZICULTURE INONDÉE SOIT EFFICACE POUR LA PRODUCTION DE RIZ, ELLE PEUT ÊTRE GOURMANDE EN EAU ET CONTRIBUER À LA LIBÉRATION DE MÉTHANE, UN PUISSANT GAZ À EFFET DE SERRE.

CULTURES CONSERVATION

LES CULTURES DE CONSERVATION SONT DES PRATIQUES AGRICOLES QUI VISENT À PRÉSERVER L'HISTOIRE ET LA CULTURE ASSOCIÉES À L'AGRICULTURE TRADITIONNELLE. ELLES IMPLIQUENT SOUVENT LA CULTURE DE VARIÉTÉS DE PLANTES ANCIENNES OU PATRIMONIALES, QUI PEUVENT AVOIR UNE IMPORTANCE HISTORIQUE OU CULTURELLE PARTICULIÈRE. CES PRATIQUES AIDENT À MAINTENIR LA DIVERSITÉ GÉNÉTIQUE DES ESPÈCES CULTIVÉES ET CONSERVENT LES CONNAISSANCES ET TECHNIQUES AGRICOLES TRADITIONNELLES. EN PLUS DE LEUR VALEUR CULTURELLE, CES VARIÉTÉS ANCIENNES PEUVENT OFFRIR DES TRAITS UNIQUES EN TERMES DE RÉSILIENCE ET DE NUTRITION. LA PRÉSERVATION DE CES CULTURES EST ESSENTIELLE POUR PROTÉGER L'HÉRITAGE AGRICOLE ET ASSURER QUE CES RESSOURCES GÉNÉTIQUES NE SONT PAS PERDUES FACE À LA STANDARDISATION ET À LA COMMERCIALISATION DE L'AGRICULTURE MODERNE.

DIAGNOSTICS RAPIDES

LES DIAGNOSTICS RAPIDES DES MALADIES DES PLANTES SONT ESSENTIELS POUR GÉRER EFFICACEMENT LES ÉPIDÉMIES DANS L'AGRICULTURE. LA DÉTECTION PRÉCOCE DES MALADIES PERMET UNE INTERVENTION RAPIDE, RÉDUISANT LA PROPAGATION DES PATHOGÈNES ET MINIMISANT LES DOMMAGES AUX CULTURES. LES MÉTHODES DE DIAGNOSTIC RAPIDE INCLUENT DES TESTS SUR LE TERRAIN, L'IMAGERIE PAR SATELLITE, LES APPLICATIONS MOBILES ET L'ANALYSE DE DONNÉES, QUI PEUVENT IDENTIFIER LES SYMPTÔMES DES MALADIES ET FOURNIR DES INFORMATIONS SUR LEUR PRÉSENCE ET LEUR PROPAGATION. CES TECHNOLOGIES PERMETTENT AUX AGRICULTEURS DE PRENDRE DES DÉCISIONS ÉCLAIRÉES CONCERNANT LES TRAITEMENTS, COMME L'APPLICATION CIBLÉE DE PESTICIDES OU DE MÉTHODES DE LUTTE BIOLOGIQUE, CONTRIBUANT AINSI À LA GESTION DURABLE DES CULTURES ET À LA RÉDUCTION DE LA PERTE DE RÉCOLTES.

CULTURES URBAINES

L'AGRICULTURE URBAINE IMPLIQUE LA CULTURE DE PLANTES ET L'ÉLEVAGE D'ANIMAUX DANS ET AUTOUR DES VILLES. CETTE PRATIQUE UTILISE DIVERS ESPACES URBAINS, Y COMPRIS LES TOITS, LES BALCONS, LES JARDINS COMMUNAUTAIRES, ET LES TERRAINS VACANTS. LES JARDINS SUR LES TOITS, PAR EXEMPLE, PEUVENT TRANSFORMER DES ESPACES INUTILISÉS EN ZONES DE PRODUCTION ALIMENTAIRE, CONTRIBUANT À LA DURABILITÉ URBAINE ET À LA SÉCURITÉ ALIMENTAIRE LOCALE. L'AGRICULTURE URBAINE OFFRE DE NOMBREUX AVANTAGES, TELS QUE LA RÉDUCTION DE L'EMPREINTE CARBONE DES ALIMENTS EN DIMINUANT LES BESOINS DE TRANSPORT, LA PROMOTION DE LA BIODIVERSITÉ EN VILLE, ET L'AMÉLIORATION DU BIEN-ÊTRE DES CITADINS EN FOURNISSANT DES ESPACES VERTS ET UNE CONNEXION AVEC LA NATURE. ELLE JOUE ÉGALEMENT UN RÔLE ÉDUCATIF, SENSIBILISANT LES CITADINS AUX ORIGINES DE LEUR NOURRITURE.

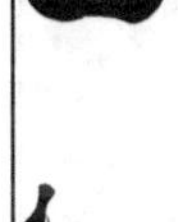

85

CULTURES SOUS-UTILISÉES

LES CULTURES SOUS-UTILISÉES, SOUVENT APPELÉES « CULTURES ORPHELINES », SONT DES ESPÈCES DE PLANTES QUI NE SONT PAS LARGEMENT CULTIVÉES MAIS QUI ONT LE POTENTIEL D'OFFRIR DES ALTERNATIVES NUTRITIONNELLES ET ÉCONOMIQUES IMPORTANTES AUX CULTURES DOMINANTES. CES PLANTES SONT GÉNÉRALEMENT BIEN ADAPTÉES AUX CONDITIONS CLIMATIQUES ET ÉCOLOGIQUES LOCALES ET PEUVENT ÊTRE RÉSISTANTES AUX MALADIES ET AUX RAVAGEURS. LEUR PROMOTION PEUT CONTRIBUER À LA DIVERSITÉ DES CULTURES ET À LA RÉSILIENCE DES SYSTÈMES ALIMENTAIRES, OFFRANT UNE SÉCURITÉ ALIMENTAIRE AMÉLIORÉE, PARTICULIÈREMENT DANS LES RÉGIONS SUJETTES À LA PAUVRETÉ ET À L'INSÉCURITÉ ALIMENTAIRE. LES CULTURES SOUS-UTILISÉES PEUVENT ÉGALEMENT REPRÉSENTER UNE SOURCE DE REVENUS POUR LES PETITS AGRICULTEURS, EN FOURNISSANT DES PRODUITS UNIQUES POUR LES MARCHÉS LOCAUX ET SPÉCIALISÉS.

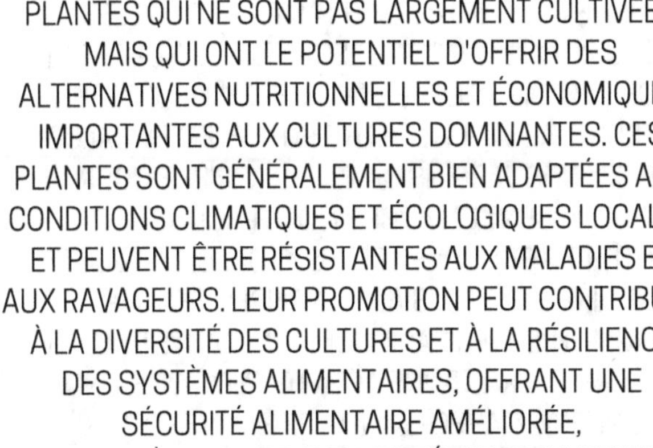
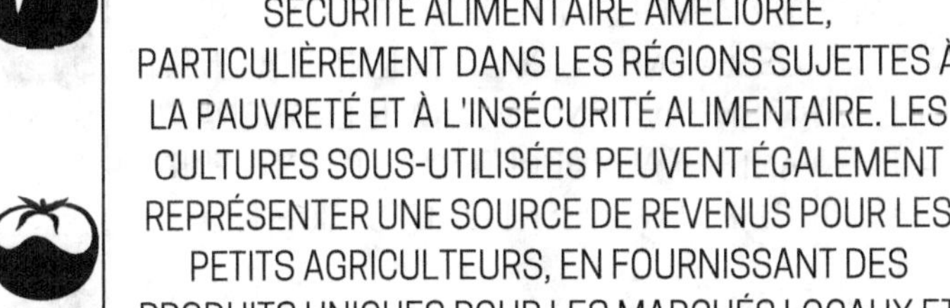
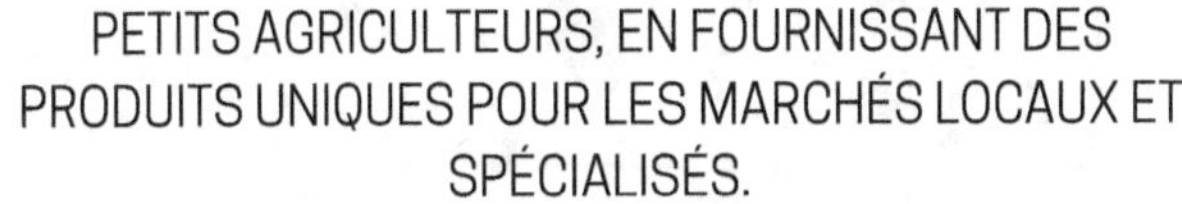

JARDINS FAMILIAUX

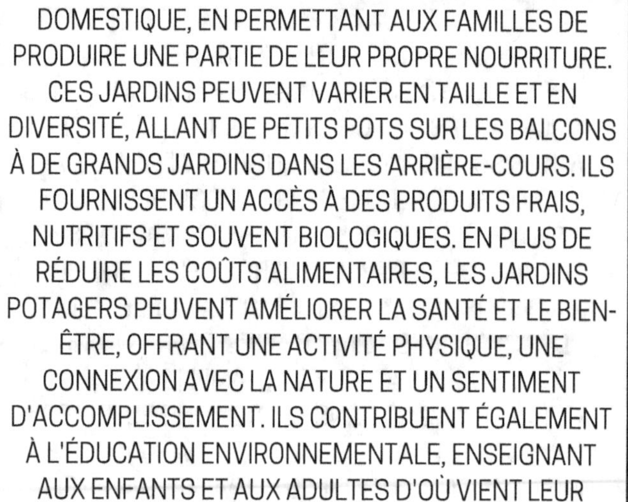

LES JARDINS POTAGERS FAMILIAUX JOUENT UN RÔLE SIGNIFICATIF DANS LA SÉCURITÉ ALIMENTAIRE DOMESTIQUE, EN PERMETTANT AUX FAMILLES DE PRODUIRE UNE PARTIE DE LEUR PROPRE NOURRITURE. CES JARDINS PEUVENT VARIER EN TAILLE ET EN DIVERSITÉ, ALLANT DE PETITS POTS SUR LES BALCONS À DE GRANDS JARDINS DANS LES ARRIÈRE-COURS. ILS FOURNISSENT UN ACCÈS À DES PRODUITS FRAIS, NUTRITIFS ET SOUVENT BIOLOGIQUES. EN PLUS DE RÉDUIRE LES COÛTS ALIMENTAIRES, LES JARDINS POTAGERS PEUVENT AMÉLIORER LA SANTÉ ET LE BIEN-ÊTRE, OFFRANT UNE ACTIVITÉ PHYSIQUE, UNE CONNEXION AVEC LA NATURE ET UN SENTIMENT D'ACCOMPLISSEMENT. ILS CONTRIBUENT ÉGALEMENT À L'ÉDUCATION ENVIRONNEMENTALE, ENSEIGNANT AUX ENFANTS ET AUX ADULTES D'OÙ VIENT LEUR NOURRITURE ET COMMENT ELLE EST CULTIVÉE.

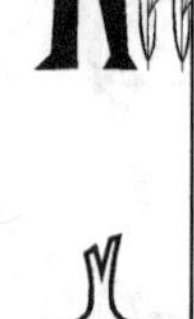

AGRICULTURE CLIMAT

L'AGRICULTURE INTELLIGENTE FACE AU CLIMAT EST UNE APPROCHE QUI VISE À ADAPTER ET À RENDRE L'AGRICULTURE PLUS RÉSILIENTE FACE AUX CHANGEMENTS CLIMATIQUES. ELLE COMPREND DES PRATIQUES ET TECHNOLOGIES QUI RÉDUISENT LES ÉMISSIONS DE GAZ À EFFET DE SERRE, AUGMENTENT LA CAPACITÉ DES SYSTÈMES AGRICOLES À S'ADAPTER AUX CONDITIONS CLIMATIQUES CHANGEANTES, ET AMÉLIORENT LA PRODUCTIVITÉ ET LES REVENUS DES AGRICULTEURS. CELA INCLUT DES PRATIQUES TELLES QUE LA CONSERVATION DES SOLS, L'UTILISATION EFFICIENTE DE L'EAU, LA SÉLECTION DE VARIÉTÉS DE CULTURES RÉSISTANTES AUX STRESS CLIMATIQUES, ET L'INTÉGRATION DE L'AGROFORESTERIE. L'AGRICULTURE INTELLIGENTE FACE AU CLIMAT VISE NON SEULEMENT À ATTÉNUER LES EFFETS DU CHANGEMENT CLIMATIQUE, MAIS AUSSI À ASSURER LA SÉCURITÉ ALIMENTAIRE ET LE DÉVELOPPEMENT AGRICOLE DURABLE.

GESTION FAUNE

LA GESTION DE LA FAUNE SAUVAGE EST ESSENTIELLE POUR PRÉVENIR LES DOMMAGES AUX CULTURES, EN PARTICULIER DANS LES ZONES OÙ L'HABITAT AGRICOLE ET LES ÉCOSYSTÈMES NATURELS SE CHEVAUCHENT. LES ANIMAUX SAUVAGES, TELS QUE LES OISEAUX, LES CERFS ET LES RONGEURS, PEUVENT CAUSER DES DOMMAGES SIGNIFICATIFS AUX CULTURES, ENTRAÎNANT DES PERTES ÉCONOMIQUES POUR LES AGRICULTEURS. UNE GESTION EFFICACE DE LA FAUNE IMPLIQUE DES STRATÉGIES QUI RÉDUISENT CES CONFLITS TOUT EN PRÉSERVANT LA BIODIVERSITÉ ET LA SANTÉ DES ÉCOSYSTÈMES. LES APPROCHES PEUVENT INCLURE DES CLÔTURES DE PROTECTION, DES SYSTÈMES D'EFFAROUCHEMENT NON NUISIBLES, LA CRÉATION DE ZONES TAMPONS AVEC DES PLANTES NON ATTRACTIVES POUR LA FAUNE, ET DES PROGRAMMES DE COEXISTENCE QUI FAVORISENT LA COMPRÉHENSION ET LE RESPECT MUTUEL ENTRE L'AGRICULTURE ET LA FAUNE SAUVAGE.

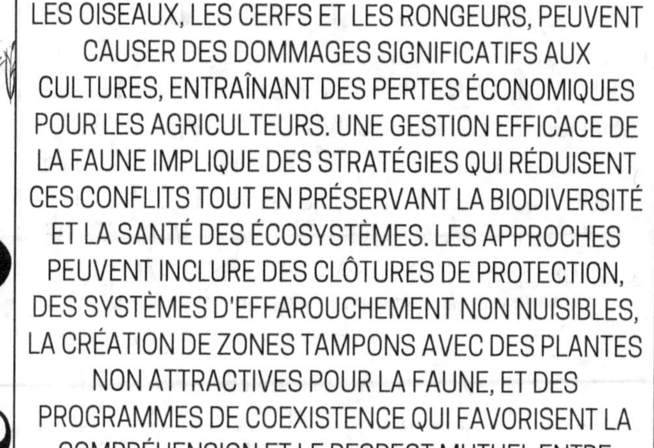

89

CULTURES INONDATIONS

DANS LES RÉGIONS SUJETTES AUX INONDATIONS, LE DÉVELOPPEMENT ET L'UTILISATION DE CULTURES RÉSISTANTES AUX INONDATIONS SONT CRUCIAUX POUR MAINTENIR LA PRODUCTION AGRICOLE. CES VARIÉTÉS DE PLANTES SONT SPÉCIALEMENT ADAPTÉES OU DÉVELOPPÉES POUR SURVIVRE À DES PÉRIODES PROLONGÉES D'INONDATION. ELLES PEUVENT TOLÉRER UN SUBMERGEMENT TEMPORAIRE, CE QUI EST PARTICULIÈREMENT IMPORTANT POUR LES CULTURES COMME LE RIZ, FRÉQUEMMENT CULTIVÉ DANS DES ZONES INONDABLES. LA SÉLECTION DE TELLES VARIÉTÉS EST UNE STRATÉGIE CLÉ POUR S'ADAPTER AUX IMPACTS POTENTIELS DU CHANGEMENT CLIMATIQUE, QUI EST SUSCEPTIBLE D'AUGMENTER LA FRÉQUENCE ET L'INTENSITÉ DES INONDATIONS. EN CULTIVANT DES PLANTES RÉSISTANTES AUX INONDATIONS, LES AGRICULTEURS PEUVENT RÉDUIRE LES PERTES DE RÉCOLTES ET ASSURER UNE PRODUCTION ALIMENTAIRE STABLE DANS DES CONDITIONS ENVIRONNEMENTALES DIFFICILES.

TOURISME AGRICOLE

LE TOURISME AGRICOLE, OU AGROTOURISME, OFFRE UNE SOURCE DE REVENU SUPPLÉMENTAIRE POUR LES AGRICULTEURS EN COMBINANT L'AGRICULTURE ET LE TOURISME. CETTE APPROCHE PERMET AUX VISITEURS DE DÉCOUVRIR LA VIE AGRICOLE, DE PARTICIPER À DES ACTIVITÉS AGRICOLES, ET DE PROFITER DE L'ENVIRONNEMENT RURAL. LES FERMES PROPOSANT DES VISITES, DES SÉJOURS À LA FERME, DES DÉGUSTATIONS DE PRODUITS LOCAUX, ET DES ACTIVITÉS ÉDUCATIVES PEUVENT GÉNÉRER DES REVENUS SUPPLÉMENTAIRES TOUT EN SENSIBILISANT À L'AGRICULTURE DURABLE ET AUX TRADITIONS RURALES. L'AGROTOURISME FAVORISE ÉGALEMENT LA PRÉSERVATION DU PATRIMOINE CULTUREL RURAL ET PEUT CONTRIBUER À LA REVITALISATION DES COMMUNAUTÉS LOCALES. POUR LES AGRICULTEURS, IL OFFRE UNE OPPORTUNITÉ D'ÉLARGIR LEUR MARCHÉ ET DE VALORISER LEURS PRODUITS AUPRÈS D'UN PUBLIC PLUS LARGE.

CULTURES CONTENEURS

LA CULTURE EN CONTENEURS EST UNE MÉTHODE FLEXIBLE ET EFFICACE POUR CULTIVER DES PLANTES DANS DES ESPACES LIMITÉS, COMME LES BALCONS, LES TERRASSES OU LES TOITS EN MILIEU URBAIN. CETTE TECHNIQUE PERMET DE CULTIVER UNE VARIÉTÉ DE PLANTES, Y COMPRIS DES LÉGUMES, DES HERBES ET DES FLEURS, DANS DES POTS, DES BACS OU D'AUTRES RÉCIPIENTS. LES CULTURES EN CONTENEURS SONT PARTICULIÈREMENT ADAPTÉES AUX ENVIRONNEMENTS OÙ LE SOL EST INADAPTÉ POUR LA PLANTATION OU INDISPONIBLE. ELLES OFFRENT UNE SOLUTION PRATIQUE POUR L'AGRICULTURE URBAINE, PERMETTANT AUX CITADINS DE PRODUIRE UNE PARTIE DE LEUR PROPRE NOURRITURE. EN OUTRE, LA CULTURE EN CONTENEURS PEUT ÊTRE ESTHÉTIQUEMENT AGRÉABLE ET CONTRIBUER À LA CRÉATION D'ESPACES VERTS DANS DES ZONES AUTREMENT BÉTONNÉES.

MICROFERMES

LES MICROFERMES SONT DE PETITES EXPLOITATIONS AGRICOLES, SOUVENT MOINS D'UN HECTARE, AXÉES SUR LA PRODUCTION DE NICHE ET LA VENTE DIRECTE AUX CONSOMMATEURS. ELLES PEUVENT SE CONCENTRER SUR DES PRODUITS SPÉCIFIQUES TELS QUE LES LÉGUMES SPÉCIALISÉS, LES HERBES, LES FLEURS COUPÉES, OU LES PRODUITS BIOLOGIQUES. CES PETITES FERMES UTILISENT SOUVENT DES PRATIQUES AGRICOLES INTENSIVES MAIS DURABLES, MAXIMISANT L'UTILISATION DE L'ESPACE LIMITÉ TOUT EN MINIMISANT L'IMPACT ENVIRONNEMENTAL. LES MICROFERMES SONT PARTICULIÈREMENT ADAPTÉES À L'AGRICULTURE URBAINE ET PÉRIURBAINE, OFFRANT DES PRODUITS FRAIS LOCALEMENT ET RÉDUISANT AINSI LA NÉCESSITÉ DE TRANSPORT. ELLES PEUVENT ÉGALEMENT JOUER UN RÔLE IMPORTANT DANS L'ÉDUCATION COMMUNAUTAIRE SUR L'AGRICULTURE DURABLE ET LES SYSTÈMES ALIMENTAIRES LOCAUX.

93

GESTION DÉCHETS

LA GESTION DES DÉCHETS AGRICOLES EST CRUCIALE POUR RÉDUIRE L'IMPACT ENVIRONNEMENTAL DE L'AGRICULTURE. LES DÉCHETS AGRICOLES COMPRENNENT LES RÉSIDUS DE RÉCOLTE, LE FUMIER, LES EAUX USÉES DE L'ÉLEVAGE ET LES DÉCHETS DE TRANSFORMATION. UNE GESTION APPROPRIÉE DE CES DÉCHETS EST ESSENTIELLE POUR PRÉVENIR LA POLLUTION DE L'EAU ET DU SOL, RÉDUIRE LES ÉMISSIONS DE GAZ À EFFET DE SERRE ET PROMOUVOIR UNE UTILISATION EFFICACE DES RESSOURCES. LES STRATÉGIES DE GESTION PEUVENT INCLURE LE COMPOSTAGE DES RÉSIDUS DE RÉCOLTE ET DU FUMIER POUR PRODUIRE UN AMENDEMENT DU SOL RICHE EN NUTRIMENTS, LA MÉTHANISATION POUR PRODUIRE DE L'ÉNERGIE RENOUVELABLE, ET LE RECYCLAGE DES EAUX USÉES POUR L'IRRIGATION. UNE GESTION EFFICACE DES DÉCHETS AGRICOLES CONTRIBUE À LA DURABILITÉ DE L'AGRICULTURE ET À LA PROTECTION DE L'ENVIRONNEMENT.

CULTURES ARIDES

L'AGRICULTURE EN MILIEUX ARIDES NÉCESSITE DES TECHNIQUES ADAPTÉES POUR PROSPÉRER DANS DES ENVIRONNEMENTS CARACTÉRISÉS PAR UN FAIBLE NIVEAU DE PRÉCIPITATIONS ET DES SOLS SOUVENT PAUVRES EN NUTRIMENTS. DES STRATÉGIES TELLES QUE LA SÉLECTION DE VARIÉTÉS DE PLANTES RÉSISTANTES À LA SÉCHERESSE, L'UTILISATION EFFICACE DE L'EAU À TRAVERS DES SYSTÈMES D'IRRIGATION GOUTTE À GOUTTE OU L'HYDROGEL, ET LA PRATIQUE DE L'AGROFORESTERIE POUR AMÉLIORER LA QUALITÉ DU SOL SONT ESSENTIELLES. L'AGRICULTURE EN TERRASSES ET LE PAILLAGE PEUVENT ÉGALEMENT ÊTRE UTILISÉS POUR RÉDUIRE L'ÉROSION DU SOL ET CONSERVER L'HUMIDITÉ. CES PRATIQUES PERMETTENT AUX AGRICULTEURS DE CULTIVER DES TERRES DANS DES CONDITIONS DIFFICILES, CONTRIBUANT À LA SÉCURITÉ ALIMENTAIRE ET À LA RÉSILIENCE ÉCONOMIQUE DES COMMUNAUTÉS VIVANT DANS CES RÉGIONS ARIDES.

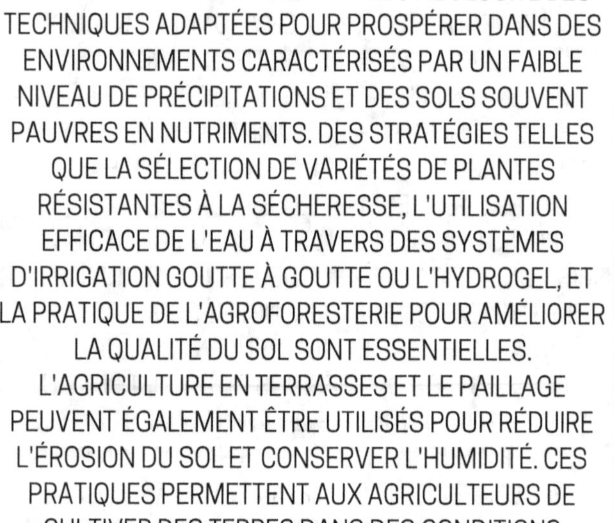

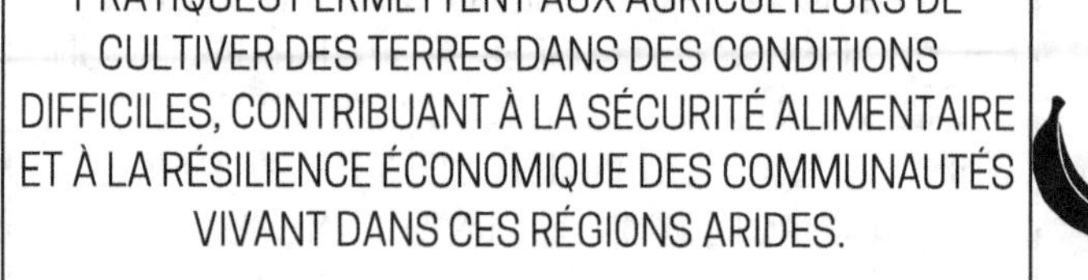

ÉDUCATION AGRICOLE

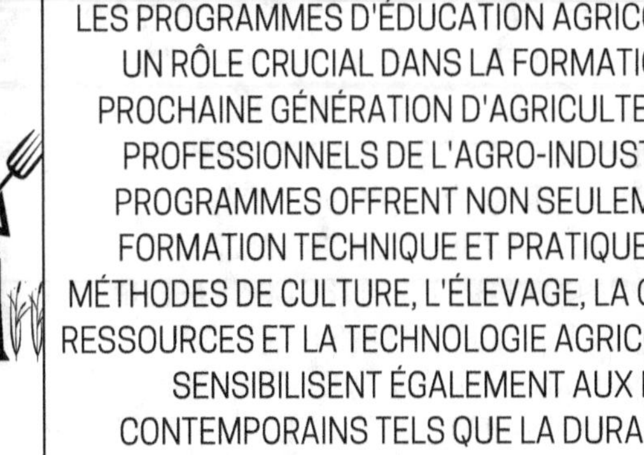

LES PROGRAMMES D'ÉDUCATION AGRICOLE JOUENT UN RÔLE CRUCIAL DANS LA FORMATION DE LA PROCHAINE GÉNÉRATION D'AGRICULTEURS ET DE PROFESSIONNELS DE L'AGRO-INDUSTRIE. CES PROGRAMMES OFFRENT NON SEULEMENT UNE FORMATION TECHNIQUE ET PRATIQUE SUR LES MÉTHODES DE CULTURE, L'ÉLEVAGE, LA GESTION DES RESSOURCES ET LA TECHNOLOGIE AGRICOLE, MAIS ILS SENSIBILISENT ÉGALEMENT AUX DÉFIS CONTEMPORAINS TELS QUE LA DURABILITÉ, LE CHANGEMENT CLIMATIQUE ET LA GESTION DES RESSOURCES NATURELLES. L'ÉDUCATION AGRICOLE PEUT PRENDRE DIVERSES FORMES, ALLANT DES COURS DANS LES ÉCOLES ET UNIVERSITÉS AUX ATELIERS ET PROGRAMMES DE FORMATION SUR LE TERRAIN. EN FOURNISSANT LES CONNAISSANCES ET COMPÉTENCES NÉCESSAIRES, CES PROGRAMMES AIDENT À PRÉPARER LES INDIVIDUS À ÊTRE DES ACTEURS INNOVANTS ET RESPONSABLES DANS LE SECTEUR AGRICOLE.

CULTURES BIOFORTIFIÉES

LES CULTURES BIOFORTIFIÉES SONT DES VARIÉTÉS DE PLANTES AMÉLIORÉES POUR AUGMENTER LEUR VALEUR NUTRITIVE. CETTE AMÉLIORATION PEUT ÊTRE RÉALISÉE PAR SÉLECTION TRADITIONNELLE, CROISEMENT OU PAR DES MÉTHODES BIOTECHNOLOGIQUES. L'OBJECTIF DE LA BIOFORTIFICATION EST DE LUTTER CONTRE LES CARENCES NUTRITIONNELLES DANS LES POPULATIONS QUI DÉPENDENT FORTEMENT DE QUELQUES CULTURES DE BASE POUR LEUR ALIMENTATION. LES CULTURES BIOFORTIFIÉES PEUVENT ÊTRE ENRICHIES EN VITAMINES, MINÉRAUX ET PROTÉINES. PAR EXEMPLE, LE RIZ DORÉ EST BIOFORTIFIÉ POUR AUGMENTER SON CONTENU EN VITAMINE A, ET IL EXISTE DES VARIÉTÉS DE HARICOTS, DE MAÏS ET DE BLÉ ENRICHIES EN FER ET EN ZINC. LA BIOFORTIFICATION REPRÉSENTE UNE STRATÉGIE PROMETTEUSE POUR AMÉLIORER LA SANTÉ NUTRITIONNELLE, EN PARTICULIER DANS LES RÉGIONS OÙ L'ACCÈS À UNE GRANDE VARIÉTÉ D'ALIMENTS EST LIMITÉ.

BLOCKCHAIN AGRICOLE

LA TECHNOLOGIE BLOCKCHAIN TROUVE DES APPLICATIONS INNOVANTES DANS LA TRAÇABILITÉ DES PRODUITS AGRICOLES. CETTE TECHNOLOGIE, MIEUX CONNUE POUR SON UTILISATION DANS LES CRYPTOMONNAIES, PERMET UN ENREGISTREMENT SÉCURISÉ ET TRANSPARENT DES TRANSACTIONS, CE QUI EST ESSENTIEL POUR SUIVRE LE PARCOURS DES PRODUITS AGRICOLES DE LA FERME AU CONSOMMATEUR. EN UTILISANT LA BLOCKCHAIN, CHAQUE ÉTAPE DU PROCESSUS - DE LA RÉCOLTE, EN PASSANT PAR LE TRAITEMENT, JUSQU'À LA DISTRIBUTION - PEUT ÊTRE ENREGISTRÉE DE MANIÈRE INDÉLÉBILE, OFFRANT UNE TRAÇABILITÉ COMPLÈTE. CELA ASSURE AUX CONSOMMATEURS L'ORIGINE ET LA QUALITÉ DES PRODUITS, TOUT EN RENFORÇANT LA CONFIANCE DANS LES CHAÎNES D'APPROVISIONNEMENT ALIMENTAIRE. ELLE PEUT ÉGALEMENT JOUER UN RÔLE CRUCIAL DANS LA PRÉVENTION DE LA FRAUDE ALIMENTAIRE ET DANS LA GESTION EFFICACE DES RAPPELS DE PRODUITS.

JARDINS COMMUNAUTAIRES

LES JARDINS COMMUNAUTAIRES SONT DES ESPACES PARTAGÉS OÙ LES MEMBRES D'UNE COMMUNAUTÉ PEUVENT CULTIVER DES FRUITS, DES LÉGUMES, DES HERBES ET DES PLANTES ORNEMENTALES. CES JARDINS ENCOURAGENT LA PRODUCTION ALIMENTAIRE LOCALE ET OFFRENT DE NOMBREUX AVANTAGES SOCIAUX, ENVIRONNEMENTAUX ET ÉDUCATIFS. ILS PERMETTENT AUX RÉSIDENTS DES ZONES URBAINES ET PÉRIURBAINES D'ACCÉDER À DES ALIMENTS FRAIS ET NUTRITIFS, FAVORISENT LA SENSIBILISATION À L'AGRICULTURE DURABLE ET RENFORCENT LE LIEN DES COMMUNAUTÉS AVEC LA NATURE. LES JARDINS COMMUNAUTAIRES CRÉENT ÉGALEMENT DES ESPACES DE SOCIALISATION ET DE COOPÉRATION, CONTRIBUANT AU BIEN-ÊTRE DES INDIVIDUS ET AU RENFORCEMENT DE LA COHÉSION COMMUNAUTAIRE. EN OUTRE, ILS JOUENT UN RÔLE DANS LA REVITALISATION DES ZONES URBAINES, L'AMÉLIORATION DE LA QUALITÉ DE L'AIR ET LA PROMOTION DE LA BIODIVERSITÉ EN MILIEU URBAIN.

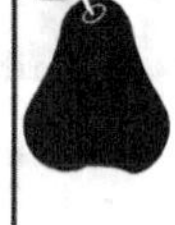

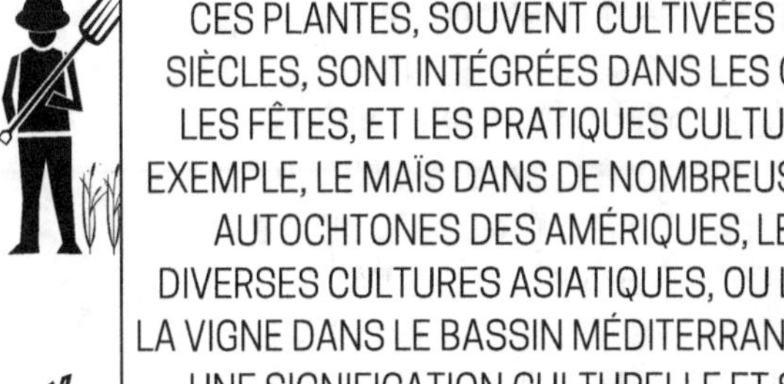
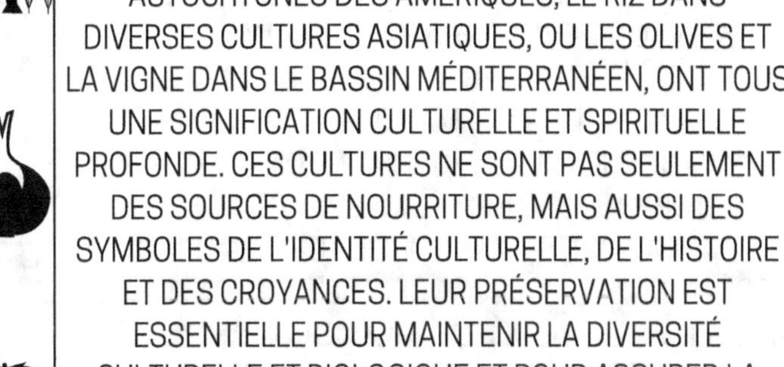
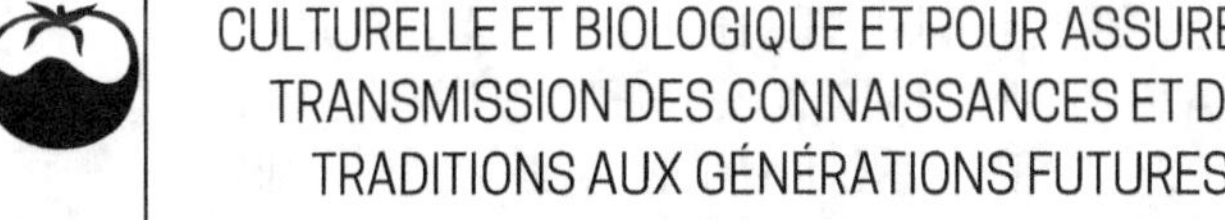

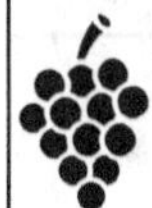

CULTURES TRADITIONNELLES

LES CULTURES ASSOCIÉES AUX RITUELS ET TRADITIONS OCCUPENT UNE PLACE IMPORTANTE DANS DE NOMBREUSES SOCIÉTÉS À TRAVERS LE MONDE. CES PLANTES, SOUVENT CULTIVÉES DEPUIS DES SIÈCLES, SONT INTÉGRÉES DANS LES CÉRÉMONIES, LES FÊTES, ET LES PRATIQUES CULTURELLES. PAR EXEMPLE, LE MAÏS DANS DE NOMBREUSES CULTURES AUTOCHTONES DES AMÉRIQUES, LE RIZ DANS DIVERSES CULTURES ASIATIQUES, OU LES OLIVES ET LA VIGNE DANS LE BASSIN MÉDITERRANÉEN, ONT TOUS UNE SIGNIFICATION CULTURELLE ET SPIRITUELLE PROFONDE. CES CULTURES NE SONT PAS SEULEMENT DES SOURCES DE NOURRITURE, MAIS AUSSI DES SYMBOLES DE L'IDENTITÉ CULTURELLE, DE L'HISTOIRE ET DES CROYANCES. LEUR PRÉSERVATION EST ESSENTIELLE POUR MAINTENIR LA DIVERSITÉ CULTURELLE ET BIOLOGIQUE ET POUR ASSURER LA TRANSMISSION DES CONNAISSANCES ET DES TRADITIONS AUX GÉNÉRATIONS FUTURES.

INNOVATION AGRICOLE

L'INNOVATION CONTINUE EN AGRICULTURE EST CRUCIALE POUR RÉPONDRE AUX BESOINS D'UNE POPULATION MONDIALE EN CROISSANCE. FACE AUX DÉFIS TELS QUE LE CHANGEMENT CLIMATIQUE, LA DIMINUTION DES TERRES ARABLES, ET LA NÉCESSITÉ D'UNE PRODUCTION DURABLE, L'INNOVATION EST INDISPENSABLE POUR AMÉLIORER L'EFFICACITÉ ET LA DURABILITÉ DES SYSTÈMES AGRICOLES. CELA INCLUT LE DÉVELOPPEMENT DE NOUVELLES VARIÉTÉS DE CULTURES RÉSISTANTES AUX MALADIES ET ADAPTÉES À DES CONDITIONS CLIMATIQUES CHANGEANTES, L'AVANCEMENT DES TECHNIQUES DE GESTION DE L'EAU ET DES SOLS, L'INTÉGRATION DES TECHNOLOGIES TELLES QUE L'AGRICULTURE DE PRÉCISION ET LA ROBOTIQUE, ET L'EXPLORATION DE NOUVELLES MÉTHODES DE PRODUCTION ALIMENTAIRE COMME L'AGRICULTURE VERTICALE ET L'AGRICULTURE CELLULAIRE. L'INNOVATION PERMET NON SEULEMENT D'AUGMENTER LA PRODUCTIVITÉ AGRICOLE, MAIS AUSSI DE GARANTIR QUE LA PRODUCTION ALIMENTAIRE RESTE EN HARMONIE AVEC L'ENVIRONNEMENT.

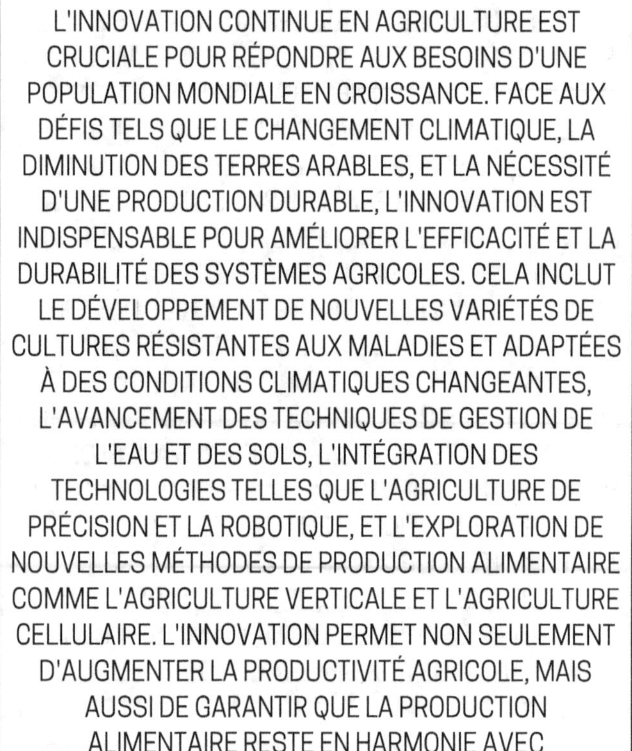

9 798887 300478